Bibliographische Information der Deutschen Nationalbibliothek

Die Deutsche Nationalbibliothek verzeichnet diese Publikation in der Deutschen Nationalbibliographie. Detaillierte bibliographische Daten sind im Internet unter http://dnb.d-nb.de abrufbar.

Sorge um Deutschland, Europa und den Frieden
Herstellung und Verlag: BoD - Books on Demand, Norderstedt
ISBN 978-3-7460-8323-0
Leserbriefe zu den aktuellen Problemen von 2010 bis 2017 –

Essays zu theologischen und kirchlichen Fragen –

Politische und theologische Gedichte

Das Buch wurde erstmals ab 9/2017 bei BoD in 1. Auflage verlegt.

Vorwort zu „Sorge um Deutschland, Europa und den Frieden"

Die einzelnen Artikel dieses Buches „politischer Schriften" bestehen entweder aus öffentlichen Leserbriefen bezüglich politischer Ereignisse, die uns alle angehen, oder aus unveröffentlichten Essays zu Fragen von Religion und Weltkirchen. Die Pressestimmen des Autors stellen jeweils Reaktionen zu den wichtigsten Geschehnissen in Deutschland dar, die einen engen Bezug zur sich entwickelnden europäischen Politik bilden oder die Antworten aus dem Blick der Bundesrepublik gegenüber den Problemen in der EU und sogar zu Vorgängen in der globalisierten Welt erfordern. Alle Schreiben sind aus der Besorgnis eines von umgreifender Weltpolitik sich betroffen empfindenden Bürgers um die nach gemeinsamer Lösung drängenden Geschehnisse in nahen und scheinbar fernen Ländern entstanden. Auf politischem Gebiet hat sich erst seit etwa 2010 – so auch das Ursprungsjahr des ersten hier zum Buchdruck gelangten ersten Leserbriefes, die dann sukzessiv bis ins erste Halbjahr 1917 reichen – die Notwendigkeit ergeben, Religion und Weltkirchen einzubeziehen. Bisher fremden Herrschaftsbereichen angehörende Kulturen und prägende Weltanschauungen sind besonders ab 2015 nun unübersehbar innerhalb Deutschlands und seiner Nachbarnationen präsent, so dass die politische Betrachtung verstärkt eine von den Religionen und deren Konfessionen her erfolgte Normenbildung einbeziehen muss. Demokratische Mitverantwortung ruft nach überlegten Meinungsäußerungen und kann per Leserbrief (hier meine Dokumente aus MM, SZ und FAZ) oder eigene Essays den entscheidend handelnden Mandatsträgern und den letztlich maßgeblichen Regierungsleitern Entscheidungshilfen zureichen. Viele Bürger, die sich nicht selbständig schriftlich äußern wollen, sahen sich gewiss stillschweigend in eigener Wahrnehmung bestätigt; manche gaben dem Verfasser, der sich öffentlich gemeldet hat, telefonisch, mündlich oder im privaten Brief ihre Zustimmung. Im zweiten Teil des Buches bringen „Politische Gedichte" die für Demokratie werbenden, Machtmissbrauch verhindernden und Frieden etablierenden Gedanken – auf grundsätzliche allgemeine Ethik zielend - zum Ausdruck.

Dr. Friedrich (Fritz) Wambsganz   Uffing, am 17. 7. 2017

Leserbrief zu "Beste Köpfe aus aller Welt für die Wirtschaft - Deutschland braucht Inder"

Es gibt erstens zu denken, dass unter 4 Millionen arbeitslosen Menschen in unserer Gesellschaft nicht ein großes Potential von bisher unentdeckten Fachleuten aller benötigten Berufssparten zu finden ist! Man sucht nach wie vor wohl nicht genügend umsichtig und genau und vernachlässigt trotz vielerlei Fortbildungsangeboten immer noch die Möglichkeit von ganz gezielten Nachqualifizierungen unter dem wichtigen Motto „fördern und fordern". Dazu müssen Staat und Industrie einander gewiss noch schlüssiger zuarbeiten und spezifischere Schulungen anbieten und sogar nachdrücklich einfordern.

Zweitens erscheint es für ein Industrie- und Exportland wie der Bundesrepublik beschämend, dass hoch qualifizierte Spezialisten aus Entwicklungsländern oder so genannten Schwellenländern wie Indien angeworben werden müssen – noch dazu für respektable, aber doch noch nicht zugkräftige Gehälter. Es gibt in Indien Technologie-Gymnasien und Technik-Universitäten, die den hiesigen Ausbildungsstätten offenbar überlegen sind! Es liegt auch daran, dass „Old-Europe" heutzutage noch viel zu sehr auf allerlei Sprachausbildung setzt – obwohl doch Englisch überall vorherrschende Weltsprache ist -, statt dass in den Gymnasien an Stelle der zweiten oder wenigstens der dritten Fremdsprache Technologie-Grundlagen für Maschinenbau, Elektronik und Computerfunktion gelehrt werden! Die schulische Allgemeinbildung in Physik, Chemie, Biologie und Informatik genügt offensichtlich nicht den Erfordernissen der betrieblichen und industriellen Ansprüche, die den Wohlstand, das durchorganisierte Sozialsystem und die kulturellen Angebote erst ermöglichen.

Drittens ist es notwendig, dass Politiker nicht nur allgemeine Parolen von sich geben, sondern sich auch stärker um Details kümmern. Dann reduziert sich das Zuwanderungsproblem aus brisanten Kulturen von selbst. Wir brauchen ein Technologie-Pflichtfach, ein in die Lehr- und Prüfungspläne aufzunehmendes Standbein in den weiterführenden Schulen! Nicht nötig ist allerdings Abitur für fast alle ohne Überprüfung von theoretischer Begabung und wissenschaftlichem Interesse! Wir benötigen aber offensichtlich auch Fachkräfte handwerklich-praktischer Natur! Leute mit Kraft, Ausdauer, Geschicklichkeit uns sozialem Einfühlungsvermögen sind ebenso vonnöten. Auch diese sollten wir nicht letztlich noch aus dem Ausland holen müssen, sondern durch praxisorientierte Schulen selbst erzeugen. Das wären Haupt- oder „Mittelschulen", die nicht so viel Theorie verlangen wie bisher und dann fast alle zum „Quali" und zu einem Handwerksberuf führen mit späterer Durchlässigkeit für technische Entwicklungsarbeit, Selbständigkeit und Führungsaufgaben.

Einheit über der Verschiedenheit

Benedikt VI. hat bekräftigt, dass das bisher Katholische weiterhin katholisch bleiben soll, also Absage an „Kirche von unten" mit Priesterehe, Frauenpriestertum und kirchliche Wiederverheiratung von Geschiedenen, ebenso Zurückweisung der Ökumeniker, die Gleichstellung von Eucharistie und Abendmahl gefordert haben. Dies alles muss nicht enttäuschen, warum soll denn die katholische Konfession evangelisch werden, worauf doch all diese Forderungen hinauslaufen? Konfessionen gibt es in jeder großen Weltreligion, also darf es auch im Christentum das Recht des früheren Allein-Christentums geben, seine überlieferte Tradition zu behalten. Also christliche Einheit und Zusammenarbeit statt der dauernden Erwartung von Aufgeben des Bisherigen, was sowohl die Amtsträger als auch die überwiegende Zahl der Katholiken und der Protestanten im Grunde sowieso nicht wollen. Insoweit ist also dem Papst aus realistischer Sicht kein Vorwurf zu machen, nichts Großes verändert zu haben. Auch freundliche Gesten entspannen und versöhnen. Eine kleine, bisher nicht ausgesprochene Möglichkeit von Ökumene sollte aber dennoch angestrebt werden – wobei die Initiative bei der absolut hierarchischen Struktur der katholischen Kirche nur vom Oberhaupt kommen kann, die Demut der Kardinale vor dem Papstamt (und auch vereinzelter Ehrgeiz) lässt dies nicht zu -, nämlich dass die katholische Pflicht zum Besuch der Sonntagsmesse auch als erfüllt gilt, wenn ein protestantischer (eventuell sogar einer der kleineren christlichen Religionsgemeinschaften) Gottesdienst besucht wird. Dabei könnten die Gläubigen dann schlicht eigenverantwortlich frei entscheiden, ob sie ein „fremdes" Altarsakrament bisweilen subjektiv anerkennend in Anspruch nehmen oder nicht. Dem das Sakrament erteilenden Pfarrer soll für solche Fälle – es wird selten vorkommen, ist aber für bekenntnisverschiedene Eheleute sehr wichtig - keine disziplinäre Untersuchung angehängt werden können.

Die Beschwörung von Papst Ratzinger nach Rettung des christlichen Glaubens an sich, kommt in dieser allgemeinen Form allgemein gut an, insbesondere da keine Zeitung und kein Fernsehsender sich zurzeit kritisch mit einer Kirche anlegen wollen. Aber was ist `Glaube´ konkret inhaltlich, wenn man das Nicht-mehr-Glaubbare streicht? Harren nicht theologische Formeln wie `Sohn Gottes´ oder `Jungfrauengeburt´ oder `leeres Grab´ oder `leibliche Auferstehung´ nicht schon lange gemäß den Errungenschaften einer wirklich wissenschaftlichen neutestamentlichen Exegese einer näheren, für aufgeklärte Menschen überzeugenden Erläuterung im Sinne einer reifen, den Mythenkern und das Grundlegende bejahenden Symboldeutung oder gar einer Dogmenreform?! Heutzutage soll schon „Ein Begriff bei dem Worte sein", wie Goethe trefflich Mephisto sprechen lässt. Da ist es längst fällig, die Historisierungen aus der Zeit einer vorwissenschaftlichen Bilderwelt bedachtsam zu deuten.

Angesichts unserer globalisierten Welt, die ebenso in Deutschland durch große Einwanderungen Fuß gefasst hat, stehen weitere Probleme zur Klärung an, die nicht auf die lange Bank geschoben werden können – vorrangig die Eindämmung eines religiösen, fanatischen Fundamentalismus. Es ist dringend nötig, dass ein gemeinsames ethisches und metaphysisches Gedankengut innerhalb der Weltreligionen herausgearbeitet und überhaupt wahrgenommen wird, damit Religionen in vernünftiger Weise dem von Jesus und den anderen großen Religionsstiftern angestrebten Frieden in einer von Religions- und Rassenpogromen sowie von Selbstmordattentaten befreiten Welt dienen. Es ist untragbar, wenn heutzutage noch in irgendeiner Religion Hass und intolerante Alleingeltung sowie Kulturkrieg gegen Menschenrechte befördert werden, da müssen sich die höchsten Repräsentanten in Sache weltweiter Friedenserziehung in der Art einer Religionen-UN zusammensetzen!

Zur europäischen Finanzpolitik

Verzicht auf ESM

Während die Diskussion um den nächsten Rettungsschirm für Griechenland im Gange ist, wird gewiss schon in aller Stille von den relevanten Bundesbehörden der dauerhafte, gigantische Summen bewegende gesamteuropäische Rettungsschirm ESM in die Wege geleitet, weit bevor sich Bundes- und Landespolitiker damit im Konkreten befassen können. So wollen sich wohl Spitzenpolitiker, die sich in überdimensionale Größenordnungen verrannt haben, beizeiten absichern, dass die finanzpolitische Gigantomanie in den Händen einer neuen, selbständig(!) agierenden Behörde ohne Getöse durchgewinkt wird. Das unwillige Grummeln Horst Seehofers kann eine derart überzogene Planung allein nicht aufhalten. Da müsste allgemeiner bayerischer Hausverstand ein Umdenken in Angela Merkels CDU und ein Innehalten von Manuel Barrosos und Sigmar Gabriels SPD bewirken. Also schnell wirtschaftliche Grundkenntnisse aneignen und dem kritischen Wort wirksame Taten folgen lassen, am besten am überschaubaren, kleinen Modell privaten verantwortungsvollen Finanzverhaltens, damit jene Volkswirtschaftsprofessoren, die noch vor hemmungsloser Schulden- und ausufernder Bürgschaftspolitik zurückschrecken, Unterstützung erfahren! Die Schriftsteller Kafka, Döblin, Brecht und Böll sollen auch nicht umsonst vor dem anonymen Verwaltungsstaat, der den Bürgern die Übersicht nimmt und dem nationalen Abgeordneten keine Gewissensverantwortung gestattet, gewarnt haben. Europa ist wichtig, der Euro eine gute Errungenschaft; doch die Regulierung und Heilung nationaler Finanz-Desaster muss den einzelnen Staaten selbst überlassen bleiben; sonst erzeugt Außenhilfe – weil mit Auflagen gekoppelt und von anderer Mentalität kommend - nur Unverständnis und sogar Hass.

Während die Diskussion um den nächsten Rettungsschirm für Griechenland im Gange ist, wird gewiss schon in aller Stille von den relevanten Bundesbehörden der dauerhafte, gigantische Summen bewegende gesamteuropäische Rettungsschirm ESM in die Wege geleitet, weit bevor sich Bundes- und Landespolitiker damit im Konkreten befassen können. So wollen sich wohl Spitzenpolitiker, die sich in überdimensionale Größenordnungen verrannt haben, beizeiten absichern, dass die finanzpolitische Gigantomanie in den Händen einer neuen, selbständig(!) agierenden Behörde ohne Getöse durchgewinkt wird. Das unwillige Grummeln Horst Seehofers kann eine derart überzogene Planung allein nicht aufhalten. Da müsste allgemeiner bayerischer Hausverstand ein Umdenken in Angela Merkels CDU und ein Innehalten von Manuel Barrosos und Sigmar Gabriels SPD bewirken. Also schnell wirtschaftliche Grundkenntnisse aneignen und dem kritischen Wort wirksame Taten folgen lassen, am besten am überschaubaren, kleinen Modell privaten verantwortungsvollen Finanzverhaltens, damit jene Volkswirtschaftsprofessoren, die noch vor hemmungsloser Schulden- und ausufernder Bürgschaftspolitik zurückschrecken, Unterstützung erfahren! Die Schriftsteller Kafka, Döblin, Brecht und Böll sollen auch nicht umsonst vor dem anonymen Verwaltungsstaat, der den Bürgern die Übersicht nimmt und dem nationalen

Abgeordneten keine Gewissensverantwortung gestattet, gewarnt haben. Europa ist wichtig, der Euro eine gute Errungenschaft; doch die Regulierung und Heilung nationaler Finanz-Desaster muss den einzelnen Staaten selbst überlassen bleiben; sonst erzeugt Außenhilfe – weil mit Auflagen gekoppelt und von anderer Mentalität kommend - nur Unverständnis und sogar Hass.

Zur europäischen Finanzkrise

Man muss als Interessent für eine stabile Währung, die durchaus in der guten Errungenschaft des Euro bestehen soll, jenen Leuten entschieden widersprechen, die weiterhin mit der exorbitanten Schuldenpolitik weitermachen wollen - und dies sogar mit einer unabhäng agierenden Behörde ESM, welche das alleinige Fiskalrecht eines Nationalparlaments bevormunden würde. Das meist positiv ins Feld geführte staatliche Schuldenmachen nach dem Modell von John Meynard Keynes aus den 30er Jahren des 20. Jhrds. war zwar wiederholt bei gesamtwirtschaftlichen Rezessionen von Nutzen, ist aber in der jetzigen Lage, in welcher sogar die ratingmäßig gut bewertete deutsche Bundesrepublik rund 1,7 Billionen Euro Schulden hat, extrem leichtsinnig und gefährdet die bisherige Geldwertstabilität. Dies bei einem jährlichen Haushalt Deutschlands von etwa 280 Milliarden Euro ohne die geplanten 25 Milliarden Neuverschuldung - etwa 35 Milliarden sind für Zins und Tilgung des bisherigen Schuldenstandes von 280 Milliarden ohnehin abziehen!

Es ist an der Zeit, dass verantwortliche Politiker und Wirtschaftswissenschaftler sich am bewährten Modell des einfachen Privathaushaltes orientieren, was bedeutet: Keinerlei Neuverschuldung, solange ein Großkredit in Zinsesleistung und Tilgung bedient werden muss! So zahlen Hauskäufer bei einem Jahreseinkommen von 60000 Euro an einem Immobilien-Projekt von 300000 Euro brav 20 Jahre lang jährlich 20000 Euro ab, und versagen sich dabei in notwendiger Zurückhaltung jede zusätzliche teure Anschaffung, für die sie ohnehin keinen Kredit mehr eingeräumt bekämen! Kein derart belaster Hauskäufer in einer Neubausiedlung könnte sich noch zusätzlich die finanziellen Probleme eines nachbarlichen Bauherren aufladen! Zu solch einem soliden Finanzgebaren sollten auch die europäischen Länder gemäß einem wohlverstandenen Subsidiaritätsprinzip wegen der schwer überwindlichen Mentalitäts- und Wirtschaftsunterschiede der europäischen Nationen zurückfinden. Die Konsolidierung der Finanzen muss wohl jedes Land für sich allein vollziehen. Von außen kommende Sparauflagen und Vorschriften Gesamteuropas stoßen nicht auf Dankbarkeit einzelner Schuldenstaaten, deren sparenwollende Regierungen augenscheinlich sofort abgewählt werden. Die Rückzahlung neuer Kredite kann man abschreiben, Strafdrohungen sind ungeeignet.

Die Rückkehr des kalten Krieges

Man sollte aufmerken aus der Behaglichkeit seines Biergartens, der Faszination des Fußballs, der Idylle der Maiandachten und den Aufgeregtheiten um Wahlen in einer der 15 deutschen Provinzen, wenn der Vorsitzende der Münchner Sicherheitskonferenz Wolfgang Ischinger sich zu einer Warnung vor einem neuen Wettrüsten zwischen der Nato und Russland in Sachen „Schutzschirm" entschließt! Die aufstellbereiten atomar bestückbaren Kurz-, Mittel- und Langstreckenraketen, frisch produziert und steuerbar mit neuestem Lenkradar gegen aus Nordkorea und Iran anfliegende Atomraketen, sollen zunächst an den polnischen und tschechischen Ostgrenzen aufgestellt werden. Die Russen fragen sich natürlich, was solche Waffen, die faktisch natürlich nicht bloß Abwehr-, sondern gleichzeitig Angriffswaffen sind, an ihren Westgrenzen zu suchen haben und warum diese nicht mit eigener Mitsprache vor der Mongolei oder am Kaspischen Meer positioniert werden. In Polen und Tschechien wird wohl auch die Angst vor etwaigen russischen Übergriffen gegen eigene Souveränität noch eine Rolle für die Stationierungserlaubnis gespielt haben. Den russischen Staatsführern ist es gewiss nicht geheuer bei der Vorstellung, dass eine potentielle Raketenluftschlacht über eigenem Gebiet mit allem atomaren Fall-Out auf Städte und Bevölkerung bei Treffern und Fehlschüssen sich ereignen könnte.

Da solch Szenario hoffentlich nie vorkommt, „nur" einer teuren Abschreckung dient, aber die bisherige erfreuliche Zusammenarbeit des Westens mit dem früheren Gegner Russland enorm gefährdet, kann man mit diesem erfahrenen Kenner internationaler Militärpolitik wünschen, dass sein Rat – wohl auch mit „letzter Tinte" geschrieben – bei den deutschen Nato-Delegierten Gehör findet. (Leserbriefe werden eh keinen Denkprozess auslösen.)

So wie die Weltpolitik derzeit aussieht, möchte man fordern, dass der ideologische Hintergrund für eine Raketendrohung aus der letzten kommunistischen Welt (Nordkorea) und einer fanatisierten islamischen Welt (Iran) zunächst noch durch gleichgewichtige Drohung, dann durch Entspannung und Vertrauensbildung und nicht durch eine neue Wettrüstungsspirale angegangen wird. Der religiöse Fanatismus, der vor Erstschlagsplänen nicht zurückschreckt, kann überhaupt nur durch eine ständige Weltreligionen-Konferenz, in der die Religionsfürsten dieser Welt ihre elementaren und gemeinsamen, auf die Religionsgründer zurückgehenden Friedensabsichten betonen müssen, eingedämmt werden.

Leserbrief zum Problem des Separatismus

Kaum wird bei der derzeitigen politischen Sachlage nach den Hintergründen von separatistischen Vorgängen gefragt. Zunächst wäre doch von dem selbstverständlichen Faktum auszugehen, dass eine Region primär den Menschen gehört, die dort wohnen und arbeiten, also ihre Heimat haben. Dann ist zu fragen, warum ein Teil dieser Bevölkerung nicht mehr dem bisherigen Staatswesen angehören will, zum Nachbarstaat drängt oder sogar Eigenstaatlichkeit anstrebt? Da geht es nach heutigem Menschenrechtsverständnis natürlich um den Willen der Bevölkerungsmehrheit. Ein solches Volksgruppenrecht muss endlich im internationalen Staatsrecht Eingang finden! So können die Volksstämme, Rassen und Religionen einer Region über alte und neue Zugehörigkeit oder Selbständigkeit abstimmen, und es wird sichtbar, ob eine Zweidrittelmehrheit eine der drei möglichen Lösungen bevorzugt. Zur Sicherung eines solchen Wahlvorgangs müssen sich die UN mit diesem Problem grundlegend beschäftigen und gewiss auch Einwohnerzahl und Gebietsfläche in die Erörterung einbeziehen, da neue Kleinstaatlichkeit nicht eine allgemein geeignete Regelung darstellt. Zudem ist für die Rechte der bei den Regionalwahlen unterlegenen Minderheit Sorge zu tragen. Jedenfalls ist Vernichtung durch militärisches Dreinschlagen keine Option! Es gibt auch die gute bayerische Lösung durch Freistaat-Status, wobei Anschluss an das größere Ganze und Erhalt eigener Befugnisse garantiert sind.

Leserbrief zur Ukraine-Krise

Die Weltpolitik wird seit jeher von einseitigem und aggressivem Denken beherrscht. Man hält es für legitim, dass US-Präsident Kennedy 1963 unter Androhung aller Mittel erzwang, dass SU-Präsident Chrustchow die beabsichtigte Atomraketen-Aufstellung im nahen Cuba abblies. Nun soll sich wohl Russlands Präsident Putin gefallen lassen, dass die Nato – unterstützt vom EU-Mitgliedsaspiranten Ukraine - Raketen unmittelbar an der russischen Grenze positionieren könnte. Warum die russische Regierung in Sachen Ost-Ukraine mitagiert, wird überhaupt nicht erörtert. Sofort werden von „Experten" Machtausweitung, übler noch: Landraub, also Annexion und Separation, unterstellt.

Warum unterbleibt beim neuen Freund-Feind-Denken, das zu einem Wiederaufleben der Hochrüstungsspirale auf beiden Seiten und zu wirtschaftlichen und friedenspolitischen Rückschlägen führt, nicht erörtert, inwieweit eine klare prorussische Bevölkerungsmehrheit im Donezbecken lieber enger mit Moskau als mit Kiew in politischer und gesellschaftlicher Verbindung bleiben möchte? Da müssen doch dementsprechende Wahlen als politische Vorgaben unter internationaler Kontrolle a) herbeigeführt und b) endlich als maßgebend für das Staatsrecht herangezogen werden! Zurzeit wird beim Nachbarnstreit sichtbar, dass man ehedem blühende Städte im militärischen Kampf zerschießt und die Bevölkerung Besitz und vielfach das Leben verliert.

Auf Seiten der UN sollte dringend dafür gesorgt werden, dass Volksgruppenrechte – bei Zweidrittelmehrheit und kontrollierbarem Minderheitenschutz – im internationalen Staatsrecht deutliche Berücksichtigung finden. Statt Sanktionen-Ausweitung wird neben dem frei zu wählenden Anschluss an den einen oder den anderen Gebietsnachbarn, auch Teil-Selbständigkeit eines Unruhegebietes angestrebt werden müssen! Solche weitgehend befriedete Problemlösungen gibt es bereits in Nordirland, auf Zypern, im Baskenland, in Südtirol und auch im „Freistaat" Bayern. Viele frühere Grenzziehungen waren nahezu willkürlich. Man muss territoriale Neugliederungen, wo angeblicher Separatismus aufflammt, unter Verantwortung der Völkergemeinschaft demokratisch-friedenschaffend regeln, sonst drohen die Errungenschaften übernationaler Zusammenarbeit wieder zu zerbröckeln. Das für das G8-Treffen 2015 ausersehene Bayern sollte auf G8 statt G7 bestehen!

>Glaube versetzt Berge<

Im 1. Korintherbrief, den der Griechenland-Missionar Paulus 25 Jahre nach Jesu Tod an die neue Christengemeinde der Hafenstadt Korinth schreibt, steht der erstaunliche Satz, dass mit höchster Glaubenskraft Berge versetzt werden könnten. Diese kühne Behauptung findet sich im Zusammenhang mit der Forderung, dass jede Glaubensbegeisterung in die Liebe zum Mitmenschen münden müsse.

Wenden wir uns zunächst dem zweiten Teil der schriftlichen Mahnung des Missionars an die drei Jahre vorher getauften Christen zu. Es muss sich offensichtlich um eine sprachliche Allegorie handeln; denn niemand würde annehmen, dass sich ohne riesige Bagger, Spreng- und Transportmaßnahmen auch nur kleinere Berge errichten, geschweige denn versetzen ließen. Worin besteht nun die Funktion dieses rhetorischen Stilmittels, mit dem materiell Unmögliches behauptet wird? Zur Erklärung müssen wir die persönlichen Erfahrungen dieses ersten Völkermissionars heranziehen. Er war geschockt, als er sich in seiner subjektiven Vision schlagartig vom Christenverfolger zum Christus-Anhänger gewandelt sah, er hat miterlebt, wie sich die Apostel eines zunächst für absolut tot geglaubten jüdischen Religionsreformers nach längerer Verstörtheit und Verzagtheit wieder aufgerafft und neu formiert haben im plötzlichen klaren Gespür, dass der am Kreuz hingeschiedene tote Jesus als sich ihnen innerlich offenbarender Christus bei Gottvater lebt, Kraft und Zuversicht vermittelt und von seinen Anhängern das Weitermachen erwartet und sie dabei geistig-seelisch unterstützt. Dies erlebend und beobachtend, sah sich der sprachenkundige gelernte Zeltmacher Paulus aus Tarsus bemächtigt, beigesellt von dem wieder aktiv gewordenen ehemaligen Fischer Petrus aus Jerusalem und seinen eigenen beiden Schülern Lukas und Barnabas, den Glauben an das wirkmächtige metaphysische Fortleben Christi predigend in Palästina zu verbreiten und 15 Jahre nach Jesu Kreuzigung die Begründung einer neuen Glaubensrichtung, die das Judentum in ein Christentum überleiten wollte, zu betreiben. Darüber hinaus schaffte er es, seine jüdisch-christlichen Mitstreiter auf dem ersten Konzil im Jahre 48 zu überzeugen, dass einige althergebrachten orientalischen Riten aufzugeben und der im Judentum übliche Beschneidungsritus durch die Taufe auf Jesu Namen zu ersetzen seien. Er gewann den großräumigen Blick für die Internationalität der neuen Erlösungsreligion, die nicht länger auf einen Messias warten sollte, sondern ihn als bereits vorhanden hervorhob, und so erweiterte er seine begeisterte Weitergabe der befreienden Frohbotschaft über die Nähe Gottes beim Menschen und den Appell zur Weitergabe der Liebe über Israels Grenzen hinaus in die türkische, griechische und schließlich römische Hemisphäre. Vieles ging nicht glatt, es gab Schwierigkeiten, Rückschläge, Anfeindungen, Verfolgungen und sogar Gefängnisaufenthalte für den unverdrossenen Werber und Verkünder auf seinen Missionsreisen, die Jahre der psychischen und physischen Überanstrengung bei der Überzeugungsarbeit bedeuteten. Aber Paulus war beharrlich, phantasiereich und durchglüht vom Inhalt des Erfahrenen. Er spürte

den fortwirkenden Christus als Begleiter, Beschützer und auch als den Fordernden. Paulus stellte sein Leben und seine ganze Kraft voll der Botschaft eines Gottesbeauftragten zur Verfügung, obwohl er diesen zu seinen Lebzeiten nie persönlich gesehen hatte. Er wird manchmal über sein Leistungsvermögen und seine

Überwindungsfähigkeit selbst gestaunt haben, so dass er schließlich allegorisch formuliert hat, dass höchste Glaubenskraft – mit Gott, Christus und dem Geist Gottes im Kopf und im Rücken – sogar Berge bewegen könnte.

Wenden wir uns nun dem ersten Teil der Allegorie zu und versuchen wir den Begriff `Glaube´ zeitgerecht zu definieren. Häufig werden wichtige Worte und Glaubensinhalte wie `Gottessohn´ und `Auferstehung´ wörtlich, physisch und fundamentalistisch verstanden und gelten dem entsprechend Jungfrauengeburt und leeres Grab als die entscheidenden Beweise, so hat sich neben dieser konventionellen Ansicht in der exegetischen Wissenschaft – vorwiegend im protestantischen Sektor des Christentums – ein stärker symbolisches und dennoch tragfähiges Verständnis für einzelne wesentliche Glaubenselemente entwickelt. Der Weg war schwierig, die volle Akzeptanz der historisch-kritischen Exegese ist noch nicht geleistet, ihre Umsetzung in eine erklärende und nicht mehr autoritative Dogmatik bleibt dringliche Zukunftsaufgabe für die Theologie und schließlich auch für die kirchlichen Lehrämter der beiden großen Konfessionen. Die Kerngehalte von Mythen und Legenden sind vorsichtig herauszukristallisieren und in eine heute verständliche Sprache umzusetzen – dies ist auch einer der Aspekte des 2. Vatikanischen Konzils gewesen, das bereits vor 50 Jahren stattgefunden hat. Stets sollte auch die Realhistorie zu Beginn der Jesuszeit herausgearbeitet werden. So läuft eine heutige wissenschaftliche Beweisführung über Jesu Bedeutung und Übereinstimmung mit Gott nicht mehr ausschließlich über eigenartige Wundererzählungen, die im Verlauf der Bibelentwicklung zum Teil erst nach Jesu Kreuzigung entstanden oder durch Christianisierung von griechischen Mythen und jüdischen Legenden in den Glaubensbestand aufgenommen worden sind. Die junge Kirche hat durch ihre sonntäglichen Eucharistiefeiern, den Taufkult und ihre Christusbegeisterung die historischen Fakten ergänzt und ins Metaphysische gehoben, Jahre vor den ersten Verschriftlichungen des Neuen Testaments durch Paulus und Markus in den 50er und 60er Jahren des 1. Jahrhunderts. Jetzt, 250 Jahre nach der Epoche der Aufklärung, sollte der Frage nach der Funktion von Wundergeschichten und Legenden der Vorrang eingeräumt werden gegenüber der wort-wörtlichen Auffassung von deren Inhalt. Eine naive fundamentalistische Auffassung biblischer Erzählweisen befremdet im 21. Jahrhundert naturwissenschaftlich geschulte und vielseitig informierte Menschen: Entscheidend ist doch, dass sich der Weltenschöpfer über Jesus Christus zusätzlich verbal und persönlich in sein Werk hinein gemeldet und der Menschheit damit Befreiung, Erhellung, Lebensbegleitung und Jenseitshoffnung geoffenbart und geschenkt hat. Kern unserer christlichen Religion und konfessionsübergreifende Überzeugung ist, dass Jesus Christus als überirdischer Erlöser und Unterstützer der Gläubigen weiterlebt und der Geist Gottes den Christen guten Willens zur Seite steht.

Neben dem alt- und neutestamentlichen Fundus kommt eine zweite Quelle für den religiösen Glauben und die Lebenseinstellung moderner, der wissenschaftlichen Psychologie aufgeschlossenen Menschen hinzu – nämlich die Tiefenerfahrung aus der eigenen Seele. Die Theologen und Mönche der mittelalterlichen Mystik wie Meister Eckart und Johannes Tauler haben diese dem ruhig nachdenkenden Menschen innewohnende Eigenschaft als „Seelenfünklein" entdeckt und mutig gegen inquisitorische Verdächtigungen vertreten, Jakob Böhme hat diese Erkenntnis im 16. Jahrhundert neu betont und schließlich haben hochempfindsame Dichter im 19.

Jahrhundert wie Novalis und E.T.A. Hoffmann die feine Stimme der Seeelenkräfte in den Kunstwerken der Romantik verbreitet und endlich der allgemeinen Anerkennung zugänglich gemacht. In wissenschaftlich-säkularem Gewand taucht die Macht der den Menschen bereits kraft seiner Natur vom Schöpfergott mitgegebenen Seelenkräfte bei den Tiefenpsychologen des Unbewussten wieder auf, in der Analytischen Psychologie Carl Gustav Jungs in der gar nicht zu überschätzenden Betonung eines Archetypus des Selbst, der ein appellatives und wertendes Gewissen einschließt und den besten Seiten eines ungeschädigten menschlichen Ichs den individuellen Weg zum Guten weist, ohne die Existenz und den geistig-seelischen Einfluss einer transzendenten Sphäre zu bestreiten. Hierbei soll, interreligiös gesprochen, die Tatsache nicht verschwiegen werden, dass der fernöstliche Buddhismus durch gelassenes, meditierendes Wahrnehmen der Personmitte ebenso den Menschen zur Besinnung auf das wirklich Eigene, das Reine und Weltenthobene bringen will. Der von der Jugend weltweit geschätzte Dichter Hermann Hesse hat schließlich in einer eigenwilligen, gerade auch deshalb lesenswerten literarischen Synthese in allen seinen Romanen Psychologie und Religion miteinander vereint, indem er den schwierigen Entwicklungsprozess des heranwachsenden Menschen bis zur personalen Identität schildert. Schon zur Zeit der deutschen Mystiker hatte überdies der in Sachen Religion und Literatur bilateral denkende italienische Dichter Dante in seiner >Comedia Divina< den überdenkenswerten Satz formuliert: „Glaube ist die Substanz unserer Hoffnung", worin die Problematik und die Bedeutungsschwere unserer Verwiesenheit auf einen ursprungs- und endzielgerichteten Glauben auf eine Kurzformel gebracht ist.
Wer hat nun diese Integration der von Gott geschenkten inneren Kräfte und der Orientierung und Angetriebenheit von einer biblischen Wortoffenbarung nicht nur festgestellt und theoretisch vertreten, sondern in Anwendung auf die stets neuen Bedingungen seiner Lebenssituation faktisch umgesetzt und dabei die von Paulus vertretene Erkenntnis vorgelebt, dass die metaphysische Richtung des Glaubens in eine irdisch-greifbare Menschenliebe münden müsse? Zuerst freilich stellen Jesu Lebenswerk und seine Bergpredigt mahnend die Sorge um die Schwachen, Armen, Kranken und Behinderten in die Mitte von Gesinnungsethik. Dann sind es die von den Konfessionen und Religionen herausgehobenen Personen, z. B. die Heiligen – aber nicht nur diese allein-, die für die Hingabe an gute Ziele und an wirksame Hilfe für andere gelebt und die für uns Richtwerte vertreten und ihre Ideale in Übereinstimmung mit ihrem empfindlichen Gewissen für humanitäre Anliegen eingebracht haben. Zu den berühmten Vorbildern auf dem sozialen Sektor zählen wir beispielsweise die Gründerin der indischen >Missionaries of charity< Mutter Teresa katholischerseits, auf dem politischen Feld den Mitbegründer der >Bekennnenden Kirche< Dietrich Bonhoeffer evangelischerseits und stellvertretend für bemerkenswerte christliche Laien auf dem Gebiet des wissenschaftlichen Fortschritts Prof. Forßmann, der den von ihm erfundenen Herzkatheder zunächst an sich selbst getestet hat, bevor er diese segensreiche technisch-medizinische Errungenschaft an seine Arztkollegen weitergab.
Glaube ist also sowohl gelebte Überzeugung von der Existenz einer höheren Welt, Berührtheit vom natürlichen und übernatürlichen Hineinsprechen überirdischer, personaler Wirklichkeiten in unser Diesseits und die Gewissheit über deren seelischen und geistigen Beistand. Zum Glauben gehört dann die beharrliche rationale und

durchaus individuelle Umsetzung dieser Erkenntnis und der in den Sakramenten enthaltenen Gnadengaben in sachlich-handwerklicher, wissenschaftlicher, technischer, politischer und wirtschaftlicher Weise zum Guten und zum Besseren unserer Welt. Die Erde ist innerhalb der religiösen Optik für uns als ein Bewährungsraum zum ewigen Leben geschaffen worden. Gott nimmt uns jedoch die Arbeit für Selbstentfaltung, für Frieden, Gesundheit und Wohlstand nicht ab, dies beweisen uns die Menschheitsgeschichte mit all den Kriegen und Gräueltaten und die täglichen Nachrichten über menschliches Versagen, über Zwietracht, Unglücksfälle, Seuchen und Katastrophen. Wir müssen uns also weiterhin, gerade aus unserer Glaubensbasis heraus, anstrengen, lernen, verbessern, Neues entwickeln und das Erdachte anwenden, aber auch täglich reflektierend innehalten, damit wir eine nationale und internationale Gesellschaft mitgestalten, die Gott wohlgefällig ist.

Essay zum Ökumenischen Kirchentag

Kirchentag zwischen unlösbarer Theorie und gelöster und lösbarer Praxis

Der freundliche entgegenkommende Disput zwischen dem versiert-glatten Erzbischof Zollitsch und dem etwas kantiger-direkten Ratsvorsitzenden Schneider beim ökumenischen Freitags-Forum >Woran wir glauben> brachte es wieder einmal an den Tag: Katholiken und Protestanten vertragen sich gut bei gemeinsamen gemeindlichen und sozialen Aktivitäten, Schulgottesdiensten, kommunalen Feierlichkeiten und kirchlichen Einweihungen; der Konfessionsproporz in den Parteien gehört der Vergangenheit an genauso wie die öffentliche Konfessionsschule. Man begegnet sich in der politischen Gemeinde und in den Firmen, Behörden und Vereinen, ohne dass die Zugehörigkeit zu dieser oder jener Konfession eine Rolle spielt. Glaube ist bei uns glücklicherweise tolerabel privatisiert.

Die mit großem Beifall umjubelten Dauerforderungen der radikalen Ökumeniker nach Abschaffung des Zölibats, Frauen-Zulassung fürs Priesteramt, gemeinsamer Abendmahl/Eucharistiefeier, Verzeihung/Neuverheiratung der Geschiedenen, gleichgewichtigem Christentums für konfessionsverschiedene Verheiratete mussten katholischerseits abprallen – diese Wünsche kämen einem Übergang der katholischen Kirche ins evangelische Lager gleich. Die katholische Institution kann sich nicht aus ihrer Tradition und aus ihrem mystischen Glaubens- und Kirchenverständnis heraus entmythologisieren und entsakramentalisieren. Den Protestanten fallen diese Forderungen alle leicht, sie sind bereits gängige Praxis. Dass die katholische Kirche sich nicht selbst hinwegreformieren kann und will, wird von vielen unreflektierten Schwärmern nicht erkannt. Umgekehrt wäre es den Protestanten selbstredend ebenso unzumutbar sich zu entlutherisieren und zu resakramentalisieren. Die katholische Seite hält nicht nur aus Tradition und nicht nur aus Starrsinn an ihren sieben Sakramenten und an ihrer Heiligenverehrung und gewichtigen Messliturgie fest. Die Bischöfe wären eh nicht allein und nie unisono weltkirchlich reform- und handlungsfähig und der Papst beharrt auf dem Errungenen, Typischen und auf dem im Konnex von Bibel und Lehramt entwickelten Glaubensgut, was vielen Katholiken wiederum so richtig erscheint.

Wenn also Ökumeniker, die nicht nur rhetorisch fordern wollen, Einheit in fortgeschrittener Weise nicht als nur säkular und kirlich-organisatorisch leben wollen, so müssten sie sonntags regelmäßig und abwechselnd in den katholischen und in den evangelischen Gottesdienst gehen und auf eigene Faust und Verantwortung – in offenem Widerspruch zur eigenen Kirchenleitung – gläubig die jeweilige Kommunion aufnehmen. Keine Seite wird hierbei je von oben ihr Plazet geben, die Grundauffassungen von Vergegenwärtigung oder Gedächtnismahl sind unüberbrückbar verschieden, an eine Spektrumserweiterung bis zur parallelen Akzeptanz der anderen Interpretation hat ohnehin bisher noch niemand gedacht.

Bedauerlich ist, dass Prof. Küng seinem ehemaligen Kollegen Prof.-Papst Ratzinger nur dessen Unflexibilität vorhält und eher eine privat-hochschulmäßige Rivalität pflegt, statt sich ins mystisch-meditative Glaubensverständnis der Katholiken hineinzudenken und von daher die traditionelle Haltung zu erklären. Geradezu erschreckend ist das

Defizit des Kirchentages hinsichtlich des nötigen Geltendmachens der historisch-kritischen Exegese des Neuen Testaments. Höchste Zeit ist es im 21. Jahrhundert, nicht mehr mit Wundern und der schlimmen Verwechslung von Legenden mit Tatsachen-Geschichte zu argumentieren! Es müsste ein Symbolverständnis von Dogmen – statt deren autoritativer Lehrsatz-Definition – erarbeitet werden, um die Substanz biblischer Texte im Sinne des 2. Vatikanums bewusst zu machen und den Glauben akzeptabel für naturwissenschaftliches Denken zu begründen.

Essay zur Thematik „Benedikt XVI. und die Piusbruderschaft"

Wenn man das Teilthema um den Rechtsextremismus des bisherigen Sektenbischofs Williamson, dessen Wiedereingliederung in die Katholische Kirche für berechtigte Empörung im Staat, beim Judentum und sogar bei Kirchenoberen Anlass gab, einmal ausklammert, was bedeutet die betonte Akzeptanz von religiösen Fundamentalisten für aufgeklärte Gläubige im 21. Jahrhundert? Man droht zurückzufallen auf den vorkonziliaren Standort der Intoleranz mit dem Grundsatz „Es gibt nur eine wahre Kirche und außerhalb dieser gibt es kein Heil", und man wirft – bisher nirgends als Grundproblem angesprochen – den wissenschaftlich-theologischen Status hinter sich auf die kindlich-naive Position, dass jedes Wort und jeder Nebensatz der Bibel auf die direkte Eingebung Gottes zurückgehe. Die im Bereich der Textkritik erreichte Erkenntnis, dass viele biblische Erzählungen Legenden sind, die zwischen 40 und 90 Jahren nach Jesu Tod entstanden sind oder sogar konstruierte Erfüllungsaussagen darstellen, welche die Möglichkeit von jahrhundertealten Prophezeiungen darstellen wollen, wird verschüttet. Statt also zu fragen, wie die göttliche Substanz im Predigen und Handeln des historischen Jesus von Nazareth herauszuinterpretieren ist - das wären seine Gottunmittelbarkeit, die Nächstenliebe, die Feindesliebe, eine Jenseitsgewissheit, Trost und Gnadenvermittlung -, unterliegt man dem Missverständnis der wortwörtlichen Bibelauffassung bis in die höchsten Kreise hinein und verwechselt den christlichen Glauben mit dem direkten Fürwahrhalten von Wundern und nachträglichen Glorifizierungen. Der fromme und werbende Überbau der Zeit von der Abfassung des ersten Evangeliums des Apostelschülers Markus bis weit ins 18. Jahrhundert hinein, im Grunde sogar bei den Traditionalisten und Radikalkonservativen bis heute, zementiert die Meinung, Sagen und Mythen seien Realgeschichte! Mit Hilfe solcher gewohnter Manipulationen will man Religion noch heute nahebringen, was aber nur mehr vor Kleinkindern oder Urwaldindianern, nicht aber vor Jugendlichen und gebildeten Erwachsenen, die lesen, fernsehen und selber denken, gelingt. Der katholischen Kirche soll also geraten werden, den jetzigen Eklat um das Verhalten des Papstes und die Rehabilitierung von zwar frommen, aber theologisch zurückliegenden Leuten zu nutzen, wie die Substanz der biblischen Geschichten, das Sakraments- und Liturgieverständnis und die fortgeschrittene Vernunft (übrigens auch ein Geschenk des Schöpfergottes und kein Instrument von Glaubensabfall) sowie durchaus das echte religiöse, hoffende und ahnende Gefühl des modernen Menschen in Einklang zu bringen sind. Nur ein gewiss vorsichtiges, aber mutiges Vorwärts kann die Katholische Kirche als eine von naturwissenschaftlich gebildeten Menschen wirklich akzeptierte Trägerin von Heil (das es auch in anderen Religionen und Konfessionen gibt) in die Zukunft bringen. Ein neues Konzil zum Thema „Glaube und wissenschaftliche Exegese" ist dringend nötig. Die Probleme zwischen Dogma, Geschichte und religiösem Bedürfnis harren einer zeitgerechten Bewältigung. Die Diskurse haben auch mit der Kommunikation von Lehramt und aufgeklärtem Kirchenvolk zu tun.

Leserbrief zum Weihnachtsappell von Papst Franziskus

Am 2. Weihnachtsfeiertag appellierte Papst Franziskus an die Christgläubigen, für den Weltfrieden zu beten. Das ist die bevorzugte Weise aller Religionen für Problemlösung. Daran zeigt sich einerseits die Hoffnung, dass der Schöpfer die weltlichen Fragen mit seiner Allmacht selber regele. Andererseits wird angesichts einer wirklich unseligen Weltgeschichte deutlich, dass wir Menschen offenbar durch denselben Schöpfer verpflichtet sind, unsere Schlamassel mit eigenen Mitteln in Ordnung zu bringen, und Krieg in Frieden zu wenden.

Leider übernehmen die Religionen kaum Errungenschaften, die seit der Aufklärungsepoche parallel zu den religiösen Methoden, also Gebet und Hilfsbereitschaft, mutige liberale Wissenschaftler und Politiker etablieren konnten: Das sind grenzüberschreitende Denkweisen und demokratische Methoden der ganzen Völkergemeinschaft. Es geht jetzt auch religiösem Gebiet darum, durch UN-artige Maßnahmen, also regelmäßige Treffen der Leitungsgestalten der Weltreligionen (zunächst der „Offenbarungsreligionen" Judentum, Christentum und Islam), Hasspredigten, militärische Kämpfe und Gräueltaten durch Ächtung und Überzeugungsarbeit zu verhindern.

Längst ist es an der Zeit, wirkungsvolle Maßnahmen einer partei- und nationenübergreifenden Weltpolitik zu übernehmen. Innerhalb aller kirchlichen Strukturen bedeutet dies auch, über den engen und egozentrischen Tellerrand der verschiedenen konkurrierenden und z.T. verfeindeten Konfessionen der Einzelreligionen hinauszublicken und aufnahmebereit zu werden für die weltanschaulichen, moralischen und liturgischen Gemeinsamkeiten sogar der diversen Weltreligionen. Hier ist Interreligiosität gefordert. Keine Weltanschauung muss deshalb ihre Individualität aufgeben, kein machtbewusster und verantwortungserfüllter Amtsträger muss abdanken. Offenheit innerhalb einer relativierten Konfessionalität ist nun unabdingbar.

Katholisches Christentum im 21. Jahrhundert – der Papst und die Bibel

Die Konzentration auf die Mitte des Neuen Testaments kann nur gelingen, wenn das Oberhaupt der katholischen Kirche den heute nötigen Schritt von einer konservativ-fundamentalistischen Bibeldeutung, die nur noch zum Teil befriedigen und Grundfragen klären kann, zur Akzeptanz einer historisch-existenziellen Auffassung vollziehen könnte. Es steht zu befürchten, dass wegen des erdrückenden Verantwortungsgefühls des Papstes für die angebliche Richtigkeit der tradierten Missverständnisse und wegen der Ablehnung der längst vorhandenen, exakten neutestamentlichen Bibelexegese das Verständlichmachen einer christlich-katholischen Religiosität für den studierten oder auch nur informierten Bürger Europas – und schon gar nicht für das Glaubensbewusstsein aufgeklärter, naturwissenschaftlich geschulter Jugendlicher – nicht gelingt.

Papst Benedikts XVI. zwar frommes, bewusst eingeschränktes, heutzutage erstaunlich konservatives Glaubens- und Leitungsverständnis, welches in seinem Werk „Jesus von Nazareth", das den passenderen Titel „Christus, Gott auf Erden" tragen sollte, zum Ausdruck kommt, nimmt gemäß traditioneller, amtskirchlicher Auffassung das Neue Testament als inhaltliche Einheit (was wissenschaftlich längst überholt ist), setzt die Realität von Prophezeiungen im Alten Testament voraus - geht auf den in der katholischen Kirche weit verbreiteten und meist unreflektierten Wunderglauben interessanterweise nicht explizit ein - und arbeitet durchwegs mit der fachexegetisch unhaltbaren Gleichung Jesus=Christus=Gott. Die übliche, freundliche Überlegenheit des katholischen Dogmatikers gegenüber jenen Exegeten, die vorwiegend innerhalb der protestantischen, historisch-kritischen Theologie die Richtungen des dialektischen, der liberalen und der existenzialistischen Denkweise geprägt haben (Strauß, Schweitzer, Barth, v. Harnack, Bultmann) ist durchgängig anzutreffen; deren durchdachte und wohlüberlegte Errungenschaften werden jedoch verschwiegen und negiert. Übrigens wäre der von Josef Ratzinger geschätzte Rudolf Schnackenburg wegen seiner bemerkenswerten Jesus-Deutung als langsames Identisch-Werden des „Sohnes" mit Gottvater vor dem 2. Vatikanischen Konzil noch als häretischer Adoptianist geschmäht worden.

Nicht wenige Theologen, nicht ausschließlich alt- und neutestamentliche Exegeten und die Fachgruppe der Religionspädagogen, werden enttäuscht sein, dass die wissenschaftlichen Erkenntnisse - dies seit 150 Jahren! -, zwischen dem historischen Jesus und dem im Jenseits fortlebenden Christus sowie zwischen dem Religionsreformer aus Nazareth und dem Schöpfergott deutlicher zu unterscheiden und angebliche Christusworte als Einfügungen der frühen Kirche und als nachgeschobene Erfüllungsaussagen hinsichtlich des Alten Testaments bewusst zu machen, nicht zum Tragen kommen. Eine „Sohnschaft" Jesu gegenüber Gottvater (anstelle von Joseph) muss heutzutage symbolisch und mythologisch und nicht biologisch begriffen werden. Die Gemeinsamkeit zwischen dem Schöpfergott und seinem engsten menschlichen Beauftragten ist auf neue, behutsam entmythologisierende, verstandesmäßig überzeugende Weise zu betonen. Die manipulierende Definition von Sagen und Mythen als Realgeschichte funktioniert heute nicht mehr! Stattdessen sollte die religiös bedeutsame Aussageintention der biblischen Legenden und Erzählungen weiterhin bewusst gemacht werden. Die Kirche darf und muss ihre Substanz bewahren, aber sie kann nicht mehr Sprachform und Kerninhalt verwechseln, worin auch eine große Forderung des 2. Vatikanischen Konzils bestand. Die Amtsträger haben schließlich nicht nur vor naiven und unwissenden Menschen in Entwicklungsländern und vor Kleinkindern zu predigen. Die Legendenbildung in den 20 Jahren nach Jesu Tod bis zu den ersten Paulusbriefen und das Aufgreifen und Neudeuten von griechischen Mythen in den 40 Jahren nach Jesu Kreuzigung bis zum ersten Evangelium „nach [!] dem Apostel-Schüler Markus" im Jahre 70 bleiben in Papst Ratzingers Buch genauso unbeachtet wie die Rekonstruktion der Logienquelle Q durch Hoffmann/Heil, worin die Reden des geschichtlichen Jesus noch ohne die späteren Glorifizierungen und Vergöttlichungen herausarbeitet werden. Man kann im Gegensatz zum resignativen Gebaren, dass Jesus- und Christusbild nicht zu trennen seien, auf der realen Ebene eines irdisch-menschlichen Religionsreformers Jesus, der die Nächstenliebe (provokativ für die frommen Pharisäer) der Gottesliebe gleichsetzte, für Frieden, Gewaltlosigkeit, Barmherzigkeit und Krankenfürsorge eintrat, der für ein unmittelbares Gottesverhältnis des Einzelnen im Gegensatz zum bombastischen Opferkultbetrieb der Sadduzäer und zum Gesetzesgehorsam der Pharisäer warb und in Verbindung mit seinem tief verankerten Identitäts-Bewusstsein mit Gott das ewige Reich-Gottes durch Zuwendung, Gleichnisse und Selbsthingabe, aber nicht durch allmächtige Wundertaten erhellte, das Entscheidende nahe bringen.

Es muss erlaubt sein, im Interesse der Anliegens, nämlich Glaube und Kirche für Menschen zwischen dem 10-ten und 80-ten Lebensjahr begreiflich zu machen, die Fachdisziplinen Exegese und Dogmatik in fruchtbaren Diskurs zu setzen und religiöse Inhalte auf die religiösen Bedürfnisse der heutigen informierten und skeptischen Menschen abzustimmen, für eine insgesamt ehrlichere, theologisch abgesicherte, sogar didaktisch notwendige Art der Vermittlung von Christentum aufmerksam zu machen (Papst Benedikt XVI. hat selbst zu Stellungnahmen zu seinem Buch aufgerufen). Liturgie und Sakramente der katholischen Christlichkeit bleiben trotz erweiterter Ehrlichkeit gewahrt, nur die Überzeugungsmethode und die Dogmeninterpretation müssten geändert werden. Im Grunde wäre ein Konzil nötig zum Thema „Dogma und neutestamentliche Theologie"; denn die Verantwortlichen in Leitungsämtern und in der Wissenschaft sollten gemeinsam für einsichtige und zukunftsfähige Relationen zwischen inhaltlichem Glauben und religiösem Gefühl sorgen. Die Impulse der Aufklärungszeit und der modernen, kritischen Theologie sind bis jetzt noch nicht in einen aberglaubenfreien Glauben und in eine existenzielle Dogmatik - statt einer autoritär definitorischen – umgesetzt worden. Die Furcht, mehr Rationalität in der Bibelbetrachtung würde ein frommes Gnaden- und Heilsgeschichtsverständnis in Lehre, Gottesdienst und Sakramentalität behindern, darf abgelegt werden.

An Herrn Kardinal Reinhard Marx, Erzbischöfliches Ordinariat

Thema: Friedensinitiativen der Katholischen Kirche (auch ökumenisch)

Sehr geehrter Herr Kardinal Marx,

als ich gelesen habe, dass Ihr Vorgänger Kardinal Friedrich Wetter sich kürzlich bei einer Veranstaltung zum Beginn des Ersten Weltkriegs verwundert darüber geäußert hat, dass Christen auf Christen schossen, musste ich zur Computer-Tastatur greifen. Gerne möchte ich Ihnen als einflussreicher Persönlichkeit hiermit meine drei Thesen zur Kenntnis geben, die auf Kriegsverhinderung zielen. Ich wage zu hoffen, dass Sie als „Mann der Tat" darin aufgreifend auf Ihrer Ebene und höher nachfassen werden:

1. Die Bergpredigt Jesu fordert als ethischem Schwerpunkt neben der Sozialarbeit (Ihrem Fach als Theologie-Professor) die Friedensliebe.
2. Die Umsetzung von weltweiter Friedensliebe über die Sonntagspredigt und sogar gezielte Friedensappelle hinaus macht neuartige Initiativen erforderlich, die angesichts des militanten Islamismus interreligiös und interkulturell ablaufen müssen. Man muss dabei die Hauptvertreter der großen Weltreligionen an einen Tisch bringen, gar eine regelmäßig tagende „UN der Religionen" auf den Weg bringen, zumindest zunächst von Christentum, Judentum und Islam. Das Christentum (hier ökumenisch vorgehend) hat Menschenrechte und Abscheu vor Gewalt nach leidvollen Taten und Erfahrungen nunmehr integriert und kann daher einleitend und federführend sein. Es ist gewiss schwer, die Führer der wichtigsten islamischen Konfessionen zusammenzubringen. Aber die Verurteilung von Gewalt, Terror und Selbstmordattentaten kann nur im systematischen Vorgehen von den Hierarchiespitzen her gelingen, Man muss die Ayatollas von ihrer Ehre her packen, da auch sie „Islam" als „Frieden" übersetzen. Dann können diese das Verbot der Gewaltaufrufe an ihre untergeordneten Imame weitergeben. Hass und Fanatismus sind nur von den Obrigkeiten und Führungsgestalten der Religionen her einzudämmen. Gebet allein und öffentliche Worte genügen nicht. Wir müssen angesichts dieser erschreckenden, irrationalen, aber gesteuerten Gewalt des extremistischen Islamismus in einem guten Sinn weltpolitisch vorgehen. Jesus Christus hat uns auch diese nun geforderten konkreten Bemühungen, die ins Internationale greifen, auferlegt. (Das ist keine schnöde Parteipolitik, aber es bedeutet Abkehr von einer gar zu billigen Zwei-Reiche-Lehre.) Die gute internationale Vernetzung

der katholischen Weltorganisation vermag vieles, wenn man nur will und es für gefordert hält. Ich schätze, dass Papst Franziskus eine solche globale Friedensarbeit der Religionen begrüßen wird, nachdem er in Sachen glaubwürdiger Sozialpolitik so eindeutig Zeichen gesetzt hat.

3. Die Katholische und die Evangelische Kirche sollten das „Deutsche Institut für Friedensforschung" wieder auf Vordermann bringen helfen, z.B. durch mitsprechende Einbindung eines Vertreters. Der unauffällige, eher statistische Jahresbericht genügt nicht. Die Kirchen haben Militärbischöfe und Militärpfarrer. Es sind im Sinne unseres Glaubens aber eher Leute nötig, die kriegsverhindernde, spannungsmindernde Arbeit betreiben.

Bitte antworten Sie nicht gleich in eventuell beschwichtigender und abmildernder Weise. Die politische Sachlage ist zu ernst. Obige Gedanken lassen sich gewiss auf den höheren Ebenen, denen Sie angehören, vorklären. Freilich sollten Gespräche auf den Führungsebenen nicht in Verwässerung oder Stillhalten mit Abwarten enden.

Sie verstehen, dass ein aktiver Christ angesichts der bedrohlichen Weltlage, wo Gewalt wieder einmal stark von einem militanten Terrorsystem innerhalb einer primär akzeptablen Religion ausgeht, nicht schweigen kann (s.a. mein Buch „Religion neu verstehen", Schäferverlag, Herne, 2014).

Mit brüderlichen Grüßen

Ein überlegtes Nein zum potentiellen Militärschlag in Syrien

Die Weltpresse glaubt aus der Geschichte des 20. Jahrhunderts gelernt zu haben, dass man Diktatoren von außen militärisch rechtzeitig bekämpfen und beseitigen solle, damit diese nicht selbst Kriege beginnen, sich hochrüsten und ihr Staatsvolk nicht weiter unterdrücken können. Daher rufen die meisten politischen Redakteure nach dem Militärschlag unter amerikanischer Führung. Jedoch Präsident Obama und mehrere andere Staatslenker zögern.

Junge bewaffnete Demokraten der Handygeneration wollen in Syrien, wie es in Nordafrika geschehen ist, ihre Gewaltherrscher loswerden und fordern Bürgerrechte sowie eine breitere Verteilung der Öl-Milliarden. Daher wurde Revolution ausgerufen und Bürgerkrieg bewirkt. Dann wird eine Wahl organisiert, die aber Rückwärtsgerichtete gewinnen.

Bei einem Luftangriff würden die syrischen Städte zerbombt (Wer zahlt übrigens den Wiederaufbau? Wer nimmt die Flüchtlinge auf?), sehr viele Soldaten des formaljuristisch offiziellen Regimes (!) und enorm viele Zivilisten kämen ums Leben. Was danach kommt, wurde in den nordafrikanischen Staaten deutlich sichtbar. Die extremistischen Islamisten greifen nach der Macht - zunächst durchaus demokratisch. Aber das Vorhandensein unaufgeklärter Religion beim Staatsvolk übersieht man, es kommt zu nicht beabsichtigten Mehrheiten. Die religiösen Ideologen errichten dann eine neue Diktatur auf der Basis archaischer, angeblich göttlicher Rechte. Sie bekämpfen sich schließlich wegen ihrer konfessionellen Gegensätze gegenseitig. So muss dann nach einigem Abwarten unter internationaler Hilfe wieder eine stabilisierende Militärdiktatur eingerichtet werden.

Die Lösung kann nur lauten: Appelle zu Vernunft und zu gewaltloser Entwicklung! Vielleicht besinnen sich auch einmal die großen europäischen Kirchen auf ihre eigene gewalttätige Geschichte und Intoleranz vom 30-jährigen Krieg bis in die sechziger Jahre des 20. Jahrhunderts? Daher sollten Friedensgespräche im Nahen Osten und weltweit von den Führungsgestalten der christlichen Kirchen mit hohen Islam-Vertretern eingeleitet werden, um Friedenspolitik als Hauptanliegen jeglicher Religion und Konfession zu betonen. Ideologisch motivierte Gewalt ist im geistigen Dialog, nicht allein militärisch, niederzuhalten.

An Herrn Papst Franziskus, Palazzo Apostolico, 00120 Citta Del Vaticano, Roma

Thema: Friedensinitiativen der Katholischen Kirche (auch ökumenisch)

Sehr geehrter Herr Papst Franziskus,

als ich gelesen habe, dass der Münchner Kardinal Friedrich Wetter (emer.) sich kürzlich bei einer Veranstaltung zum Beginn des Ersten Weltkriegs verwundert darüber geäußert hat, dass Christen auf Christen schossen, musste ich zur Computer-Tastatur greifen. Gerne möchte ich Ihnen als einflussreichster Persönlichkeit hiermit meine drei Thesen zur Kenntnis geben, die auf Kriegsverhinderung zielen. Ich wage zu hoffen, dass Sie als „Mann der Tat" darin aufgreifend in Ihrer wirkungsstarken Position nachfassen werden:

1. Die Bergpredigt Jesu fordert als ethischem Schwerpunkt neben der Sozialarbeit (Ihrer epochalen Kernsorge) die Friedensliebe.
2. Die Umsetzung von weltweiter Friedensliebe über die Sonntagspredigt und sogar gezielte Friedensappelle hinaus macht neuartige Initiativen erforderlich, die angesichts des militanten Islamismus interreligiös und interkulturell ablaufen müssen. Man muss dabei die Hauptvertreter der großen Weltreligionen an einen Tisch bringen, gar eine regelmäßige tagende „UN der Religionen" auf den Weg bringen, zumindest zunächst von Christentum, Judentum und Islam. Das Christentum (hier ökumenisch vorgehend) hat Menschenrechte und Abscheu vor Gewalt nach leidvollen Taten und Erfahrungen nunmehr integriert und kann daher einleitend und federführend sein. Es ist gewiss schwer, die Führer der wichtigsten islamischen Konfessionen zusammenzubringen. Aber die Verurteilung von Gewalt, Terror und Selbstmordattentaten kann nur im systematischen Vorgehen von den Hierarchiespitzen her gelingen, Man muss die Ayatollas von ihrer Ehre her packen, da auch sie „Islam" als „Frieden" übersetzen. Dann können diese das Verbot der Gewaltaufrufe an ihre untergeordneten Imame weitergeben. Hass und Fanatismus sind nur von den Obrigkeiten und Führungsgestalten der Religionen her einzudämmen. Gebet allein und öffentliche Worte genügen nicht. Wir müssen angesichts dieser erschreckenden, irrationalen, aber gesteuerten Gewalt des extremistischen Islamismus in einem guten Sinn weltpolitisch vorgehen. Jesus Christus hat uns auch diese nun geforderten konkreten Bemühungen, die ins Internationale

greifen, auferlegt. (Das ist keine schnöde Parteipolitik, aber es bedeutet Abkehr von einer gar zu billigen Zwei-Reiche-Lehre.) Die gute internationale Vernetzung der katholischen Weltorganisation vermag vieles, wenn man nur will und es für gefordert hält. Ich schätze, dass Sie, Papst Franziskus, eine solche globale Friedensarbeit der Religionen begrüßen, nachdem Sie bei glaubwürdiger Sozialpolitik so eindeutig Zeichen gesetzt haben.

3. Die Katholische und die Evangelische Kirche sollten „Institute für Friedensforschung" wieder auf Vordermann bringen helfen, z.b. durch mitsprechende Einbindung von Vertretern. Der unauffällige, eher statistische Jahresbericht genügt nicht. Die Kirchen haben Militärbischöfe und Militärpfarrer. Es sind im Sinne unseres Glaubens aber eher Leute nötig, die kriegsverhindernde, spannungsmindernde Arbeit betreiben.

Bitte antworten Sie nicht gleich in eventuell beschwichtigender und abmildernder Weise. Die politische Sachlage ist zu ernst. Obige Gedanken lassen sich gewiss auf der höchsten Ebene, die Sie vertreten, vorklären. Freilich sollten Gespräche im Führungskreis nicht in Verwässerung oder Stillhalten mit Abwarten enden.

Sie verstehen, dass ein aktiver Christ angesichts der bedrohlichen Weltlage, wo Gewalt wieder einmal stark von einem militanten Terrorsystem innerhalb einer primär akzeptablen Religion ausgeht, nicht schweigen kann (s.a. mein Buch „Religion neu verstehen", Schäferverlag, Herne, 2014).

Mit brüderlichen Grüßen

Ein europäischer Islam

Um innerhalb Europas die von säkularen, durch Grundgesetze auf religiöse Toleranz und Menschenrechte selbstverpflichtete Länder bereit für einen neuartigen `europäischen Islam` zu machen, bedarf es etlicher wesentlicher Prämissen auf Seiten der diversen islamischen Einzelkonfessionen und der mit einer Einzelkonfession verbundenen Staaten. Insgesamt beharren alle islamischen Glaubensrichtungen (Sunniten, Schiiten, Wahabiten, Sufisten, Alewiten u.a.) auf die metaphysischen und moralischen Vorgaben ihrer religiösen Tradition und angelernten Überzeugung, dass ihr normierendes Buch, also der Koran, – und demzufolge in radikalislamischen Staaten auch das daraus abgeleitete Strafgesetzbuch, die Scharia, – den `bloß` von Menschen stammenden `Grundrechten`, die in Europa gleichlautend mit philosophischer und anthropologischer Auffassung als rechtsverbindliche `Menschenrechte` definiert werden, vorgeordnet sind. Daraus ergeben sich zwei mächtige Grundkonflikte: Gleichheit von Mann und Frau, monogame Ehen, Selbstbestimmung ab dem 18. Lebensjahr (auch sexuell), freie Partnerwahl (auch mit Andersreligiösen), Anpassung an freizügige Lebens- und Modemodelle und eben selbstpraktizierte Toleranz und verstehende Anerkennung der länger in Europa vorhandenen Religionen verlangen einen hochanstrengenden Umdenkungs- und Umerziehungsprozess. Mit diesem Dilemma verwoben sind die Ansprüche der jeweiligen Hierarchien in den islamischen Konfessionen; sie wollen Macht und Privilegien behalten und pochen systemimmanent auf ihre einzig wahre Rechtgläubigkeit. Da sich die Gewalttätigkeit und Grausamkeit der IS-Bewegung (radikal-sunnitischer Herkunft) auf streng-wortwörtliche Auffassung von Koran und Scharia berufen, ist dieser Zerstörungswahn gewiss nicht leicht abzustellen. Europäische Staaten sind also aus Selbsterhaltung gezwungen, mit politischen, rechtlichen und geheimdienstlichen Möglichkeiten unsere essenziellen, hart erkämpften Menschenrechte zu sichern. Die Oberhäupter der islamischen Konfessionen müssen Hassprediger und Fanatiker zur Raison bringen. Die Führer christlicher Religionen sollten Kontakte aufnehmen mit den führenden Imamen und Ayatollahs der einzelnen islamischen Länder, um allseits behauptete Friedensliebe einzufordern.

Dreinschlagen oder Verhandeln? (Zum Thema Iran- und Ukraine-Verhandlungen)

Der amerikanische republikanische Senator McCain nimmt kein Blatt vor den Mund und stößt freche Beschimpfungen gegen Bundeskanzlerin Merkel und Außenminister Steinmeier aus, die insgesamt im Vorwurf der Feigheit vor dem Feind bestehen. Eine solche Sprache und Denkweise, die sich nicht bewusst ist, dass Krieg auf brutalstmögliche Vernichtung von Menschen und Sachwerten hinausläuft, sollte nach zwei Weltkriegen mit insgesamt 75 Millionen Toten und genauso vielen Schwerverletzten überwunden sein. Selbst wenn der Iran listig die Atomkontrolleure austricksen und Atomwaffen entwickeln würde, stellen diese schlimmstenfalls das Gleichgewicht für Unangreifbarkeit her und bedeuten nicht automatisch Angriff auf Israel und Westeuropa. Ein solcher hypothetischer Gewaltakt würde das befreundete arabische Palästina komplett mitvernichten und sofort im Gegenschlag Israels und der USA den gesamten Iran auslöschen. Entsprechend führt ein Weiterresultieren im so gen. Ukrainekonflikt zum selben fürchterlichen Szenario. Russland kann nicht allein deshalb, weil es für klar überwiegend russischstämmige Ethnien einen gewünschten Anschluss an die traditionelle Hemisphäre bewirkt, vorbeugend militärisch durch Nato und EU attackiert werden. Dann würde im Einbezug der verschiedenen Bündnissysteme ein entsetzlicher neuer Weltkrieg ausgelöst. Es bleibt im Falle des Ringens um die Randgebiete der Ukraine nur die Möglichkeit von UN-kontrollierten Volksabstimmungen über Neuanschluss, Verbleib oder Selbständigkeit. Dann erst ist über eventuelle Sanktionen und Hemmnisse zu sprechen. Wie sattsam aus der Geschichte bekannt, kommt es nach Separatismus-Vorwürfen zur Einebnung der begehrten Gebiete samt Massakrierung der Bevölkerung. Militärmacht darf nur der Abschreckung, der eigenen Landesverteidigung oder der Verhinderung von Völkermord dienen! Eine Erstschlag-Politik wäre Taktik überlebter Gewaltregime.

Unbedingt Eskalation?

Die EU und mit ihr das willfährige Deutschland hat sich voll für die ukrainische Revolutionsregierung ausgesprochen. Es ergibt sich die Frage, ob eine solche Staatsführung bereits den Ansprüchen von Rechtsstaatlichkeit genügt, wenn unmittelbar davor keine freien, allgemeinen Wahlen stattfanden. Da müssen wir uns bei unklaren innenpolitischen Verhältnissen nicht derart massiv einmischen! Großes Gewicht sollte man der demokratischen Entscheidung der Krimbevölkerung beimessen, die sich mit 95 % für den Anschluss an Russland, womit die Krim schon lange verbunden ist, entschieden hat. Ein solches Votum würde bereits zur Eigenstaatlichkeit reichen und verbietet damit die Worte „Separation" und „Annexion". Die Schnell-Legalisierung des Krim-Anschlusses war für die strategisch denkende Weltmacht Russland wegen der Präsenz im Mittelmeer ein präventiver Akt. Ein aufgenötigter Verhandlungszwang über das also Nicht-Verhandelbare treibt Russland in die Enge, so dass es zu einer eskalierenden Spirale von gegenseitigen Strafmaßnahmen kommt. Man muss genau prüfen, ob es klug ist, wenn Europarat und die Nato das bisher gute Verhältnis zu Russland in ein neues Feindbild verzerren. Die G-8-Runde ist friedenserhaltend. Putin ist nicht Stalin. Wir werden ein verlässliches, stabiles Russland benötigen, sollten sich die weltpolitischen Verhältnisse mal ändern!

Leserbrief zur Flüchtlings-Problematik

Doch langsam und fast zu spät wird den maßgebenden Parteivorsitzen klar, dass es ein nicht zu bewältigendes Unterfangen ist, sämtliche arabischen und afrikanischen Asylsuchenden in Deutschland und Europa aufzunehmen. Es stehen Millionen vor der Tür, die tatsächlich politisch, religiös und rassisch verfolgt sind oder sich in großer Not befinden. Da die Methode, die ungeheuren organisatorischen, finanziellen und gesellschaftlichen Kurz- und Langzeitlasten mittels St.-Florians-Prinzip auf jeweils andere, weniger stark betroffene Gemeinden, Landkreise, Bundesländer oder EU-Staaten abzuschieben, nicht weiterhin funktionsfähig ist, muss man leider die Außengrenzen Europas unter Beteiligung aller Mitgliedsstaaten wirksam sichern. Binnenstaaten können sich nicht mehr heraushalten oder gar unbegrenzte Aufnahmebereitschaft einfordern. Wirksam kann nur sein, in den Herkunftsländern der Flüchtlinge für Beendigung von Bürgerkriegen zu sorgen, wobei vorrangig im vorderen Orient, in Afghanistan und Afrika die grausamen islamistischen Fanatiker, die schon jetzt straff organisierte Diktaturen errichtet haben, zu bezwingen sind. Deren Gesinnungsgenossen sollten sich zudem in Europa nicht etablieren können. Nach wie vor gilt: Religiöser Wahn muss innerhalb des Islams von den Führungsgestalten der verfeindeten Konfessionen selbst bekämpft werden; wobei die Leitfiguren der Frieden fordernden Christen bei den nötigen internationalen Konferenzen Hilfestellung geben sollen. Militärisch durch UN-Mandat geregelte, baldigst eingerichtete Schutzzonen, zunächst in Syrien, bilden eine den Ansturm auf Europa mäßigende und heimatnahe humanitäre Hilfe. Selbstverständlich soll Deutschland weiterhin offen sein für echte Asylsuchende per Visum.

Leserbrief zum SZ-Artikel „Lügen haben kurze Beine" mit dem Untertitel „Vertrauensschwund in die Wahrhaftigkeit von Kirchenvertretern"

Notwendig zur Gegensteuerung ist Reform des Glaubensinhalts

Die enorm hohen Austrittszahlen aus den großen christlichen Kirchen haben weniger äußerliche Ursachen (Missbrauchsskandal, Exkommunikation von wiederverheirateten Geschiedenen, Kirchensteuer, Interessenwandel), sondern gehen, viel stärker als es bisher offiziell zugegeben wird, auf die heutzutage mangelnde Glaubwürdigkeit der Glaubensinhalte selbst zurück. Die Basierung von autoritativ im Verlauf der rigiden Religionsgeschichte gesetzten Dogmen auf wortwörtlich aufgefasste Bibelstellen wird nun von skeptischen Gläubigen nicht mehr akzeptiert. Die Bildung der Leute ist enorm gestiegen, so dass allgemein bekannt ist, wie sehr Mythen und Legenden in vorwissenschaftlicher Zeit durchwegs als historische Vorgänge behauptet und aufgefasst wurden.

Neuzeitliche Vermittlung sollte exegetisch einwandfrei den wichtigsten Kern biblischer Erzählungen und Allegorien hervorheben und klarmachen, dass die geistig-seelischen Urerfahrungen der Apostel Jesu das Glaubensfundament der Heilsgeschichte bilden und nicht die erst 40 bis 70 Jahre nach Jesu Kreuzestod entstandenen Wundergeschichten oder angebliche „Prophezeiungen", welche vom Alten ins Neue Testament eingefügt wurden. Viele biblische Erzählungen und dem Jesus unterlegte Selbstprädikationen sind heute nicht als tatsächliche Geschehnisse, sondern als innerliche Erlebnisse der Apostel und Bibelautoren zu verstehen und daher symbolisch zu deuten. Dann erst wäre Glaube für moderne Menschen wieder glaubhaft. Eine Neuinterpretation ist nötig.

Leserbrief zu den islamistisch fundierten Gewalttaten

Junge Leute islamischen Glaubens, die im Wesentlichen die Massenmorde – oft mit Selbstmord gekoppelt – ausführen, werden durchwegs von Hasspredigern für ihre Schreckenstaten vorprogrammiert. Die Hintermänner, welche wiederum die Verführer ausbilden, haben wichtige Positionen in den institutionellen Apparaten der islamischen Konfessionen inne und bleiben meist öffentlich unbekannt. Die verhängnisvolle Bereitschaft zu Kapitalverbrechen beschränkt sich zurzeit auf etwa 1: 5000, d.h. 4999 Islamgläubige leben als fleißige und nette Mitbürger unter uns, achten Gesetze, haben ein ähnliches Gewissen wie gute Christen und tun niemand etwas zuleide. Einzelne Radikale aber versprechen sich Allahs Lohn im siebten Himmel für ihre irrationalen Verbrechen. Sie sind bereit, durch wahnwitzige Mordtaten gegen nichtsahnende Menschen komplette Großstädte lahmzulegen, erzeugen Massenpanik und Dauerängste. Sie verursachen derartig aufwendige Sicherheits- und Vorbeugemaßnahmen, dass sich ganze Länder von einer sehr freiheitlichen Bürgergesellschaft zum strenger überwachten Staatswesen wandeln müssen.

Wenn man also tiefer in die Psyche dieser vereinzelten Massenmörder, die jedoch von verqueren religiösen Eiferern fanatisiert und enthemmt werden, hineinblickt, so darf man sich der Frage nach den Konsequenzen, die sich für die religiösen Institutionen Islam, Christentum und Judentum ergeben, nicht verweigern. Gewiss sind in erster Linie sichernd, abschreckend, verteidigend und strafend sofortige Maßnahmen durch Polizei, Geheimdienst, Justiz und Parlament nötig. Dann aber gehören endlich die führenden Oberhäupter der drei genannten Weltreligionen an einen Tisch (ähnlich den Vereinten Nationen!), um in ständiger Beratung das immer behauptete Friedensethos im Inneren ihrer Institutionen umzusetzen und für ihre Gläubigen absolut gültig zu machen. Die katholische Kirche sollte durch ihre diplomatischen Vertretungen (Nuntiaturen) sowie einflussreiche Kontaktpersonen in der Lage sein, eine solche interreligiöse Konferenz zu etablieren und damit auf ideelle und zugleich neutral-aktionale Weise den Weltfrieden und ziviles Zusammenleben zu sichern.

Friede im Nahen Osten

Die Friedenssuche für den Nahen Osten benötigt sowohl politisch-militärische Maßnahmen als auch eine ungewohnte politisch-theologische Initiative. Beides ist nötig, um die verschiedenen zerstrittenen Konfessionen angehörenden Bevölkerungen endlich vom Krieg zu verschonen und den Menschen den Verbleib in vertrauter Heimat – statt Zuwanderung nach Europa, wie diese von Merkel-Deutschland gefördert, aber von den anderen EU-Ländern abgelehnt wird - zu ermöglichen. Zur Befriedung in politischer Hinsicht gibt es die Ansicht, das bisher herrschende Regime militärisch zu stützen, um die hochgerüstete, grausame Aufstandsbewegung des IS niederzuschlagen (so vorwiegend Russland, das seine Krisenregionen im Kaukasus durch strenge Kontrolle im Zaum hält). Bezüglich der Hintergründe für den Bürgerkrieg in Syrien verweist man gerne auf den Aufstand gegen die herrschende Diktatur Assads und den leichten Erwerb westlicher Waffen sowie den Waffenimport durch arabische Nachbarländer, die es beide zu unterbinden gelte. Auf die Feindseligkeit der islamischen Konfessionen in Syrien wird leider nicht eingegangen. Die dortigen Sunniten, unterstützt von saudi-arabischen Wahabiten, liegen im Dauerstreit mit den Alewiten, unterstützt vom Iran, wobei beide Gruppen neben religiöser Rechthaberei Privilegien für Amtsstellung und Macht anstreben oder behalten wollen. Die radikal-brutale Ideologie des Islamischen Staats (IS), herausgewachsen aus einer archaischen Sunnitengruppe, strebt einen großflächigen, konfessionsreinen syrischen Staat an und verfügt beim Vormarsch und Eroberungszug über schwere Waffen und über viele jugendliche Überzeugungstäter, die der Regierung ohne Weiteres Paroli bieten und den Westen vor große Herausforderungen stellen. Rückeroberungen der vom IS besetzten Bastionen verursachen zudem viele zivile Menschenopfer und lassen zerstörte Städte zurück. Es gilt also bei Vorgang der Befriedung der Region, den Konfessionenhass verstärkt in den Blick zu nehmen und mit Hilfe von friedfertigen führenden Ajatollahs der Sunniten und Schiiten der Welt neu nachzuweisen, dass ein aufgeklärter Islam friedensschaffend und friedenserhaltend sein muss. Dies durchzusetzen erfordert jedoch die Etablierung von Religionskonferenzen in der Art der politischen Vereinten Nationen. Der Abbau der Feindschaft von Katholiken und Protestanten dauerte allerdings 400 Jahre. So lang soll Toleranz in neuzeitlicher globalisierter Welt nicht brauchen.

Zum Phänomen islamistisch fundierter Gewalttaten

Kurt Kister (SZ) fasst in seiner Kolumne „Hass auf das Leben" die Charakteristik von äußerst brutalen Massenmördern knapp zusammen: „Der Terrorismus [...] zielt darauf ab, durch die skrupellose Anwendung mörderischer Gewalt einzuschüchtern und so Verhaltensänderungen herbeizuführen". Den hemmungslosen Attentätern stehen demzufolge – das wäre zu präzisieren - die Errungenschaften westlicher Industriestaaten und Demokratien, also Liberalismus, Modernismus, Konsumismus, Hedonismus und Freizügigkeit der Medien als Feindbild vor Augen, weshalb sie Panik und Ängste auslösen. Zu Verhaltensänderung unsererseits freilich werden grauenhafte Schreckenstaten kaum führen. Jedoch sind Gegenmaßnahmen, auch darin ist Kister zu ergänzen, in zwei wesentlichen Ursachenbereichen zu treffen – staatlicherseits und auf dem Gebiet der Religion.

Man wird einerseits die etwa 600 gewaltbereiten extremen Islamisten unter etwa 4 Millionen Muslimen in Deutschland (Zahlenangaben aus Tagespresse und Innenministerkonferenz) gezielter überwachen und sich genauer mit Hasspredigern und deren Hintermännern befassen müssen. Man muss Zuwanderungen wohl oder übel stärker kontrollieren und zahlenmäßige Machbarkeit für Versorgung und Integration berücksichtigen. Selbstverständlich bleibt Humanität weiter an höchster Rangstelle, indem Entwicklungshilfe in Struktur und Zielsetzung überdacht wird und Flüchtige von lebensgefährlichen Fahrten auf maroden Schiffen über das Mittelmeer abgehalten werden. Zugleich ist die mühsam errungene europäische Einheit zu berücksichtigen. Wir dürfen andere Staaten nicht zum naiven Modell der Massenzuwanderung zwingen, weil diese dann die EU verlassen (s. Brexit).

Da es sich beim extremen Islamismus in den Herkunftsländern um eine konfessionelle, hochgerüstete Bewegung handelt, die gegen die eigenen Landesregierungen und das staatliche Militär (!) in Form von Bürgerkriegen vorgeht, können die Vertreter eines gemäßigten europäischen Islam und damit gleichermaßen die hiesigen Vertreter des Christentums nicht bloß bedauernd und klagend reagieren. Da sind neue Wege gefordert: Heraus aus Tradition, Routine und Alleinwahrheit und hin zur Suche nach dem gemeinsamen Nenner unter Geltung der Vielfalt. Terror im Rahmen von jeglicher Religion ist klar zu ächten! Die Führer der christlichen, islamischen und jüdischen Religion müssen - ähnlich den Vereinten Nationen - in Konferenzen Gewaltfreiheit und aufgeklärte Religiosität einfordern.

Leserbrief zum drohenden Zerfall Europas

Es tritt nun klar zutage, was seit Längerem zu befürchten war: Europa driftet auseinander – die 26 Staaten, die nahezu keine Einwanderungswelle bewältigen können, stehen der deutschen Kanzlerin Merkel mit ihrer unverdrossenen, grenzenlosen Aufnahmebereitschaft diametral gegenüber. Die Aufoktroyierung von Zuwanderungsquoten wird von den osteuropäischen Präsidenten abgelehnt, was deren christliche Kirchenführer sogar gutheißen. Vorwürfe („Mangelnde Solidarität") verhallen.

Angela Merkel glaubt in christlicher Nächstenliebe zu handeln und lehnt jede Obergrenze ab, die übrigens sowieso nicht zu halten wäre, wenn diese schon nach einem halben Jahr erreicht würde. Soll man etwa Wartelager oder Anwartschaften auf das Folgejahr schaffen? Europa braucht die gemeinsam überwachte Außengrenze, den Wegfall der Binnengrenzen, den Euro und eine unisono entschiedene Zuwanderungs- und Asylpolitik. Die Herkunftsländer der Flüchtlinge müssen erfahren, dass Eindringen auf dem Landweg und Einschleusen auf maroden Schiffen über das Mittelmeer lebensgefährlich und aussichtslos sind. Die Kanzlerin muss sich mit dem Gedanken befassen, dass christliche Hilfsbereitschaft auch durch eine neu durchdachte Entwicklungspolitik möglich ist, die auf eigenständige Volkswirtschaft und Erziehung zu Frieden und Toleranz zielt. Ein solches humanitäres Konzept tragen die 26 Länder mit. Vielleicht kehrt das Europa-wichtige England dann zur EU zurück.

Erst wenn die Einsicht zustande kommt, dass Deutschland und die EU-Kommission der Zuwanderung von Millionen Menschen aus Arabien und aus Afrika nicht den Vorrang einräumen können, bleibt die seit Jahrhunderten immer wieder angestrebte und endlich erreichte Einheit Europas erhalten! Solange die absolutistischen Herrscherdynastien und Diktatoren die Macht hatten, konnte nie Ruhe einkehren. Auch nach dem wegweisenden Wiener Kongress von 1815 gab es weiterhin militärischen Landraub und einseitige Majorisierung. Es wäre äußerst bedauerlich und geschichtsvergessen, wenn die endlich demokratisch erlangte friedenserhaltende, großräumige Einigkeit preisgegeben würde.

Leserbrief zum Zusammenhang von übergroßer Zuwanderung und der Gefährdung europäischer Einheit

Mehrere Fachleute (Politik-Journalisten) setzen voraus, dass Griechenland und Osteuropa die deutschen Maßgaben zur machbaren Lösung der Flüchtlingskrise organisatorisch, finanziell und gesellschaftlich nicht erfüllen können. Auf dieser Grundlage sollte Kanzlerin Merkel nun ermessen, dass der mühsam errungene, fragile Staatenbund am Dissens über die Aufnahme der Menschenmassen aus den Bürgerkriegsregionen zerbrechen kann. Ein einiges Europa ist zu wertvoll für ein Scheitern!

Manche im Raum stehenden Vorschläge wirken erstaunlich laienhaft. Wie ist denn die Tausende von Kilometern lange Außengrenze Griechenlands (Inseln sind mitzurechnen) von Griechenland alleine zu sichern? Dieser ohnehin überlastete Staat wird nahezu zynisch unter Verweis auf „Schengen" im Stich gelassen. Mit Italien wird es ähnlich gehen. Der Plan, Flüchtlingsboote militärisch abzuweisen und alle Eigner als „Schlepper" abzuqualifizieren und die Schiffe zu zerstören, mutet kurios an.

Wenn man Europa als Gemeinschaft aufrechterhalten will - und hierbei darf es keinen Rückfall in die Binnengrenzen von Nationalstaaten geben – muss man mit Hilfe der Vereinten Nationen große Schutzräume innerhalb der syrischen, vom IS befreiten Gebiete schaffen oder eben mit Hilfe der Türkei heimatnahe Lebensräume erzeugen. Natürlich gelingt diese Maßnahme nur, wenn im Einklang mit den Großmächten Russland und USA die Waffenruhe dauerhaft ist. Darüber hinaus müsste der Konfessionenhass zwischen den diversen radikalen Gruppen des Islam ein baldiges Ende finden.

Der Merkel'sche Grundsatz der naiven „Nächstenliebe" (der übrigens auch die Kirchen, die intern sehr budgetbewusst agieren, einseitig orientiert) benötigt Korrektur: „Nächstenliebe" muss nicht in Selbstaufgabe münden. Man kann nicht nur mittels fortdauernder unbeschränkter Zuwanderung helfen. Man sollte die Maßnahmen stärker auf das heimatnahe Überleben, in Richtung Selbsthilfe und handwerkliche Ausbildung, schulische Grundfertigkeiten und Friedenserziehung konzentrieren. Selbstverständlich ist unterstützte, machbare Einwanderung asylberechtigter Personen zuzulassen.

Leserbrief zu den islamistisch fundierten Gewalttaten und zur großen Zuwanderung

Angesichts der grauenhaften Schreckenstaten, von denen das Berliner Attentat den bisherigen Höhepunkt in Deutschland bildet, muss man ehrliche Ursachenanalyse betreiben und baldige wirksame Maßnahmen ergreifen – staatlicherseits und auf dem Gebiet der Religion.

Man wird einerseits die etwa 600 gewaltbereiten extremen Islamisten unter etwa 4 Millionen friedfertigen Muslimen in Deutschland (Zahlen aus Tagespresse und Innenministerkonferenz) gezielter überwachen, rascher zugreifen und sich genauer mit Hasspredigern und deren Hintermännern befassen müssen. Man hat Zuwanderungen wohl oder übel stärker zu kontrollieren und zahlenmäßige Machbarkeit für Versorgung, Berufseinstieg und Integration zu berücksichtigen. Selbstverständlich bleibt Humanität weiter an höchster Rangstelle, indem Entwicklungshilfe in Sachen eigenständige Wirtschaftsförderung, Volksbildung und Demokratieerziehung überdacht wird und Flüchtige von lebensgefährlichen Fahrten auf maroden Schiffen über das Mittelmeer abgehalten werden. Ertrinkungstote darf es nicht mehr geben. Zugleich ist die mühsam errungene europäische Einheit als höchstwichtiges Ziel seit dem Wiener Kongress von 1815 zu bewahren. Wir können die anderen 26 europäischen Staaten nicht zum naiven Modell der Massenzuwanderung zwingen, weil diese nicht zuletzt aus diesem Grund auf die EU verzichten (s. Brexit des Europa-wichtigen England).

Da es sich beim extremen Islamismus in den Herkunftsländern um eine konfessionelle, hochgerüstete Bewegung handelt, die gegen die eigenen Landesregierungen und das staatliche Militär (!) in Form von Bürgerkriegen vorgeht, können die Vertreter eines gemäßigten europäischen Islam und damit gleichermaßen die hiesigen Vertreter des Christentums nicht bloß bedauernd und hoffend reagieren. Da sind neue Wege gefordert: Heraus aus Tradition, Routine und Alleinwahrheit und hin zur Suche nach dem gemeinsamen Nenner unter Geltung der Vielfalt! Terror im Rahmen von jeglicher Religion ist deutlicher zu ächten. Die Führer aller christlichen und islamischen Konfessionen in Europa müssen - ähnlich den Vereinten Nationen - Gewaltfreiheit zum unabdingbaren Mitgliedskriterium erklären.

Leserbrief zu Bürgersorgen angesichts der großen Zuwanderung

Wolfgang Kracht (SZ) benennt in seiner Kolumne über die deutsche Bundeskanzlerin die umfassenden Stärken dieser klugen Friedens- und Machtpolitikerin und schiebt dabei die durch ihren spontanen Willkommensgruß ausgelösten Probleme auf den späteren allgemeinen Bewusstwerdungsprozess und die sich dann steigernde Ablehnung der Bürger. Verschwiegen wird der berechtigte Vorwurf, dass man an höchster Stelle diverse Folgeprobleme einer derart wichtigen Entscheidung vorher hätte erkennen müssen. Frau Merkel handelte impulsiv aus christlicher Nächstenliebe heraus – dieser Grundsatz ist jedoch keineswegs mit Selbstaufgabe gleichzusetzen; weshalb die christlichen Kirchen sich ihrerseits budgetbewusst verhalten und gleichzeitig die staatliche Großzügigkeit bewundern – in der Meinung, dass die negative demographische Entwicklung Deutschlands auf Zuwanderung junger Arbeitskräfte angewiesen sei, und im Nichtwissen, dass alle 27 übrigen EU-Länder eine solche spontane, massenhafte Zuwanderungspolitik ablehnen und sich dann lieber selbst abschotten! Vom Leser der SZ ist im eigenen Kommentar sowohl zum Lobgesang auf Merkel und zur Problemkenntnis Wolfgang Krachts nachzutragen, dass die Flüchtlinge erstens nicht einfachhin in die Berufe einzugliedern sind, an denen hierzulande Mangel herrscht: Elektroniker, Mechaniker, Altenpfleger, Handwerker aller Sparten. Es sind zweitens keineswegs deutsche Rechtsradikale, die auf die brisante Gefahrenlage hinsichtlich der Hunderte von bereits in Deutschland lebenden radikalen Islamisten aufmerksam machen (dies tun auch die deutschen Innenminister), welche durch niederträchtige Sprengstoff- und Maschinenpistolen-Attentate die westlichen liberalen Gesellschaften erschüttern wollen. Man soll hierbei nicht zu schnell vergessen, wie leicht eine Handvoll jugendlicher Massenmörder die Pariser Weltstadt für Wochen in Angst und Schrecken versetzen konnte. Dass demzufolge zwecks Verbesserung der Sicherheit vermehrt Überwachungsgeräte und Schutzpersonal nötig werden, dürfte klar sein. Noch völlig unüberlegt steht die neue Thematik vor uns, wie jene Flucht auslösenden Bürgerkriege in den islamischen Ländern an den südlichen und östlichen Mittelmeerrändern, zu beenden sind, in denen die sunnitischen und schiitischen Konfessionen des Islam gegeneinander mit schweren Waffen kämpfen (unterstützt von Großstaaten) und den Armeen ihrer Erbdynasten Paroli bieten. Dem militärisch und politisch überlegenen, religiös aufgeklärten Westen kommt die Aufgabe zu, den brutalen Archaismus, der die Gemetzel initiiert und in Europa keimhaft da ist, auch durch Mitwirkung der Religionsführer von Christentum und Islam zu hemmen.

Leserbrief zum Problem „Einigkeit Europas und Uneinigkeit zur Verteilung der Einwanderer"

Es ist geradezu eine Groteske, dass der deutsche Innenminister bei seinem Aufenthalt in Athen vor dem Zerbrechen des europäischen Staatenbundes warnt, wo er doch selbst als wichtiges Mitglied der Bundesregierung am Zerfall mitarbeitet. Es ist für den Großteil der Bürger Deutschlands überhaupt nicht strittig, dass der seit Frau Merkels Willkommensruf überbordende Flüchtlingsstrom die Ursache für die Grenzsicherungen und Rechtsrucke der übrigen 27 Mitgliedsstaaten der EU darstellt und damit verbunden - die Weigerung dieser Länder sich „angemessen" an der Aufnahme der Millionenscharen zu beteiligen. Wer die EU-Partner moralisch und gesetzlich zwingen will, sich organisatorisch, finanziell und gesellschaftlich zu überfordern, der muss mit Aufkündigung bisheriger Gefolgschaft rechnen. Erstaunlich auch, dass deutsche Ministerpräsidenten, Landräte und Bürgermeister sowie die meisten Mitglieder von CDU, SPD und Grünen Frau Merkels spontane Entscheidung ohne offiziellen Bundestagsbeschluss billigen und wie ein Bundesgesetz behandeln.

Europa ist nur zu erhalten durch eine dem Staatenbund zustehende, gemeinsame kontrollierte Außengrenze, deren Einhaltung und Finanzierung auch von den Binnenländern mitgetragen wird. Die Mittelmeeranrainer können ihre tausende Kilometer an Meeresufern nicht allein überwachen. Selbstverständlich verlangt die gleiche humane Kultur Europas, dass machbare Zuwanderung für Verfolgte möglich bleibt und gewaltlos geregelt verläuft, allerdings so, dass Hilfsbereitschaft nicht mit staatlicher Selbstaufgabe gleichgesetzt wird. Nächstenliebe ist genauso gut zu praktizieren, wenn man in den Bürgerkriegsländern mit Hilfe der UN bewachte Schutzzonen einrichtet und die Struktur der Entwicklungshilfe in den Armutsregionen zugunsten der handwerklichen und wirtschaftlichen Ausbildungsmaßnahmen neu überdenkt sowie den für Bürgerkriege in den nordafrikanischen und arabischen Mittelmeer-Anrainerstaaten ursächlichen Konfessionenhass zwischen Sunniten und Schiiten eindämmt. Dazu müssen freilich die Religionsführer von feindlichen Wahabiten und Aleviten und deren Unterstützer aus Arabien und dem Iran mit an den Verhandlungstisch der Syrienkonferenz. Archaisch-rohe Religionsauffassung wie beim syrischen IS, also die Errichtung konfessionsreiner „Gottesstaaten", darf es im 21. Jahrhundert nicht mehr geben! In arabisch-islamischen Ländern geben noch die Kalifen und bestimmenden Ajatollahs den Ton an und steuern die Staatspolitik offiziell mit, wie es im „Heiligen römischen Reich deutscher Nation" vor der Beilegung des Investiturstreites 1122 durch das Wormser Edikt der Fall war, sich die massive

Beteiligung der Kirchen an staatlicher Politik bis zur Säkularisation 1806 trotzdem hielt und in Ausläufern noch bis zur Abschaffung unserer staatlichen Konfessionsschulen 1966 anzutreffen war.

Leserbrief über „Scharfe Kritik an Griechenland"

Der FAZ-Bericht mit der Unterzeile „Osteuropäer empört über Athen" über die Konferenz der EU-Innenminister in Brüssel am 25.2.16 enthält im Wesentlichen die mageren Ergebnisse zum Problem der Zuwandererzahlen, dass Südeuropa bei der nunmehr allseits gewünschten Reduzierung der Flüchtlingsmengen überfordert ist und dass die Osteuropäer sich weigern, sich den von Deutschland und der EU-Kommission aufoktroyierten Zuweisung von Jahreskontingenten zu beugen. Anstatt über die Situation zu klagen, dass Griechenland seine „Aufgabe" nicht schafft und Osteuropa die nachgewiesene Überanstrengung ablehnt, sollte man von deutscher Seite aus klar sehen, dass der nach dem 2. Weltkrieg ersehnte und schwer errungene Staatenbund am Dissens über die Unterbringung der Menschenmassen aus den Bürgerkriegsregionen zerbrechen kann.

Die Lösungsvorschläge wirken erstaunlich laienhaft. Wie ist denn die Tausende von Kilometern lange Außengrenze Griechenlands (Inseln sind mitzurechnen) von Griechenland alleine zu sichern? Dieser ohnehin überlastete Staat wird nahezu zynisch unter Verweis auf „Schengen" im Stich gelassen. Mit Italien wird es ähnlich gehen. Der Plan, Flüchtlingsboote militärisch abzuweisen und die Eigner als „Schlepper" abzuqualifizieren und deren Schiffe zu zerstören, mutet genauso kurios an.

Wenn man Europa als Gemeinschaft aufrechterhalten will - und hierbei darf es keinen Rückfall in die Binnengrenzen von Nationalstaaten geben – muss man mit Hilfe der Vereinten Nationen große Schutzräume innerhalb der syrischen vom IS befreiten Grenzgebiete schaffen oder mit Hilfe der Türkei heimatnahe Lebensräume erzeugen. Natürlich gelingt diese Maßnahme nur, wenn im Einklang mit den Großmächten Russland und USA die Waffenruhe dauerhaft ist. Darüber hinaus muss der Konfessionenhass zwischen den radikalen Kampfgruppen des Islam ein baldiges Ende finden.

Der Merkel'sche Grundsatz der „Nächstenliebe" (der übrigens auch den Kirchen, die intern sehr budgetbewusst agieren, die Hände bindet) benötigt Korrektur: „Nächstenliebe" ist nicht gleichbedeutend mit Selbstaufgabe. Man kann nicht nur mittels unbeschränkter Zuwanderung helfen. Man kann die Entwicklungshilfe noch mehr in Richtung Selbsthilfe und handwerklicher Ausbildung, schulischen Grundfertigkeiten und Friedenserziehung organisieren, das heimatnahe Überleben garantieren und überlegte Einwanderung echter asylberechtigter Familien planen.

Leserbrief an den MM zum Kommentar „Endstation Idomena" von Georg Anastasiadis und zum Interview mit CSU-Minister Müller „Die Krise lässt sich nur vor Ort lösen".

Beide Fachleute setzen voraus, dass Griechenland und Osteuropa die deutschen Maßgaben zur machbaren Lösung der Flüchtlingskrise organisatorisch, finanziell und gesellschaftlich nicht erfüllen können. Auf dieser Grundlage sollte Kanzlerin Merkel nun ermessen, dass der mühsam errungene, fragile Staatenbund am Dissens über die Aufnahme der Menschenmassen aus den Bürgerkriegsregionen zerbrechen kann. Ein einiges Europa ist zu wertvoll für ein Scheitern!

Manche im Raum stehenden Vorschläge wirken erstaunlich laienhaft. Wie ist denn die Tausende von Kilometern lange Außengrenze Griechenlands (Inseln sind mitzurechnen) von Griechenland alleine zu sichern? Dieser ohnehin überlastete Staat wird nahezu zynisch unter Verweis auf „Schengen" im Stich gelassen. Mit Italien wird es ähnlich gehen. Der Plan, Flüchtlingsboote militärisch abzuweisen und alle Eigner als „Schlepper" abzuqualifizieren und die Schiffe zu zerstören, mutet kurios an.

Wenn man Europa als Gemeinschaft aufrechterhalten will - und hierbei darf es keinen Rückfall in die Binnengrenzen von Nationalstaaten geben – muss man mit Hilfe der Vereinten Nationen große Schutzräume innerhalb der syrischen, vom IS befreiten Gebiete schaffen oder eben mit Hilfe der Türkei heimatnahe Lebensräume erzeugen. Natürlich gelingt diese Maßnahme nur, wenn im Einklang mit den Großmächten Russland und USA die Waffenruhe dauerhaft ist. Darüber hinaus müsste der Konfessionenhass zwischen den diversen radikalen Gruppen des Islam ein baldiges Ende finden.

Der Merkel´sche Grundsatz der naiven „Nächstenliebe" (der übrigens auch die Kirchen, die intern sehr budgetbewusst agieren, einseitig orientiert) benötigt Korrektur: „Nächstenliebe" muss nicht in Selbstaufgabe münden. Man kann nicht nur mittels fortdauernder unbeschränkter Zuwanderung helfen. Man sollte die Maßnahmen stärker auf das heimatnahe Überleben, in Richtung Selbsthilfe und handwerkliche Ausbildung, schulische Grundfertigkeiten und Friedenserziehung konzentrieren. Selbstverständlich ist unterstützte, machbare Aufnahme kleinerer Gruppen eine humanitäre Notwendigkeit, ebenso die Verhinderung des Ertrinkungstodes von Bootsflüchtlingen im Mittelmeer.

Die Bekämpfung religiös fundierter Gewalt macht religionsinterne Interventionen notwendig

Junge Leute islamischen Glaubens, die im Wesentlichen die Massenmorde – oft mit Selbstmord gekoppelt – ausführen, werden durchwegs von Hasspredigern für ihre Schreckenstaten vorprogrammiert. Die Hintermänner, welche wiederum die Verführer ausbilden, haben wichtige Positionen in den institutionellen Apparaten der islamischen Konfessionen inne und bleiben meist öffentlich unbekannt. Die verhängnisvolle Bereitschaft zu Kapitalverbrechen beschränkt sich zurzeit auf etwa 1: 5000, d.h. 4999 Islamgläubige leben als fleißige und nette Mitbürger unter uns, achten Gesetze, haben ein ähnliches Gewissen wie gute Christen und tun niemand etwas zuleide. Einzelne Radikale aber versprechen sich Allahs Lohn im siebten Himmel für ihre irrationalen Verbrechen. Sie sind bereit, durch wahnwitzige Mordtaten gegen nichtsahnende Menschen komplette Großstädte lahmzulegen, erzeugen Massenpanik und Dauerängste. Sie verursachen derartig aufwendige Sicherheits- und Vorbeugemaßnahmen, dass sich ganze Länder von einer sehr freiheitlichen Bürgergesellschaft zum strenger überwachten Staatswesen wandeln müssen.

Wenn man also tiefer in die Psyche dieser vereinzelten Massenmörder, die jedoch von verqueren religiösen Eiferern fanatisiert und enthemmt werden, hineinblickt, so darf man sich der Frage nach den Konsequenzen, die sich für die religiösen Institutionen Islam, Christentum und Judentum ergeben, nicht verweigern. Gewiss sind in erster Linie sichernd, abschreckend, verteidigend und strafend sofortige Maßnahmen durch Polizei, Geheimdienst, Justiz und Parlament nötig. Dann aber gehören endlich die führenden Oberhäupter der drei genannten Weltreligionen an einen Tisch (ähnlich den Vereinten Nationen!), um in ständiger Beratung das immer behauptete Friedensethos im Inneren ihrer Institutionen umzusetzen und für ihre Gläubigen absolut gültig zu machen. Die katholische Kirche sollte durch ihre diplomatischen Vertretungen (Nuntiaturen) sowie einflussreiche Kontaktpersonen in der Lage sein, eine solche interreligiöse Konferenz zu etablieren und damit auf ideelle und zugleich neutral-aktionale Weise den Weltfrieden und ziviles Zusammenleben zu sichern.

Leserbrief mit der Aufforderung: „Mut zur Bundes-CSU"

Das Interview des Münchner Merkur mit Markus Söder, ergänzt durch gleichlautende kritische Seehofer-Aussagen zur derzeitigen Einwanderungspolitik, bringt deutlich zutage, dass die bayerische CSU sicherlich in Übereinstimmung mit der Mehrheit der deutschen Bevölkerung eine Begrenzung der Zuwanderungszahlen für notwendig erachtet. Die CSU sorgt sich mit Recht um Kosten-, Gesellschafts- und Sozialverträglichkeit von politischen Maßnahmen. Die Landesgruppe geht in dieser Hinsicht völlig konform mit den osteuropäischen und südeuropäischen Nationen, welche dieselben Besorgnisse äußern. Der Erhalt Europas ist mit einer sorgsamen Zuwanderungspolitik gekoppelt, weil alle anderen europäischen Regierungen und Mehrheitsbevölkerungen sich von Deutschland keine sie überfordernde Zuwanderungspolitik vorschreiben lassen. Die anderen 26 Nationen wären aber gerne mit den eigentlichen bevorstehenden Aufgaben für eine Integration ihrer Staaten in das jetzt erstmalig geschaffene demokratische Europa einverstanden, wenn man eine von allen getragene kontrollierte Außengrenze einrichtet, die den Wegfall der Binnengrenzen weiterhin zulässt. Darüber hinaus wäre die konzentrierte Arbeit an einer gemeinsamen Außen-, Militär- und Finanzpolitik von größter Wichtigkeit um die Länder zusammenzuführen, England zurückzuholen und zu den Großnationen der Welt ein gleichgewichtiges Äquivalent zu bilden.

Leider ist die CSU halt nur der 16. Landesverband der tonangebenden CDU. Sie darf ein bisschen opponieren, muss sich aber letztlich unterordnen. CSU-Wählerstimmen kommen der CDU zugute. Daher können CSU-Ansichten nur Gestalt gewinnen, wenn sich die CSU bundesweit selbständig machte und damit erst zu einer bundesweit wählbaren Partei emanzipierte. Gewiss fänden sich unter der großen Schar der CDU-Bundestagsabgeordneten Interessenten für die Leitung der neuen Landesverbände. Franz Josef Strauß machte vor etwa 40 Jahren nur einen Rückzieher, weil er Verluste in Bayern und 0-Zugewinn im übrigen Deutschland fürchtete. Dies ist nun anders geworden!

Was läuft an der zurzeit wesentlichen Politik falsch?

1. Es werden viel zu viele Zuwanderer eingelassen - dies sogar nach Aufforderung der Kanzlerin!

2. Bloße Registrierung kann nicht bei diesen Massen gelingen, was erbringt sie überhaupt? Überdies wird durch naive (gut gemeinte) Gedankenlosigkeit der Staatsbegriff verzerrt.

3. Der Hinweis auf Abschiebungen lenkt vom riesenhaften Problem ab, weil diese fast nicht umsetzbar und schon bisher nahezu erfolglos sind. Es kann nur eine gesamteuropäische Konzeption greifen, die von vornherein ein überzogenes spontanes Massenankommen verhindert. Die deutsche Regierung unterläuft die legale Praxis, die sich bewährt hat.

4. Die deutschen Bundesländer, Landkreise, Städte und Gemeinden sind heillos überfordert.

5. Ungesteuerte Zuwanderung zieht neben der Unterbringungs- und Ausbildungsbesorgnissen (sprachlich, beruflich, interessen- und fähigkeitenmäßig) größte Probleme bezüglich Kosten, Machbarkeit und Sicherheit (einzelne fanatische Attentäter!) nach sich - dies bleibend.

6. Die ankommenden Massen aus Ländern gänzlich anderer Kultur verändern den freiheitlichen demokratischen Rechtsstaat: ausgeweitete Kontrollmaßnahmen und erhebliche, teure Personalsteigerungen bei Geheimdienst, Polizei und Verwaltung werden notwendig.

7. Liberales Kultur- und Moralverständnis und institutionsgebundene, archaische Ethik prallen krass aufeinander. Es kommt zu Missverständnissen und Übergriffen. Ein interreligiöses Suchen nach deckungsgleichen religiösen und ethischen Inhalten ist noch zu vermissen.

8. Die Lastenverteilung der nur von der deutschen Regierung herbeigerufenen Zuwanderer auf andere europäische Länder ist bei diesen (allen 27!) unerwünscht und erzeugt erheblichen Dissens, welcher die Regierungen anderer Länder verändert und die mühsam erreichte europäische Einheit ernstlich gefährdet. Die Weiterarbeit am Staatenbund fällt zurück.

9. Die einzig tragfähige Problemlösung, nämlich die gemeinsame Sicherung der gesamten europäischen Außengrenzen wird nicht ins Auge gefasst, so reisen alle von anderen Ländern weitergeschickte „Asylbewerber" vorwiegend nach dem angepriesenen Deutschland durch.

10. Eine Einwanderungsbegrenzung für Deutschland nach Höchstzahl (z.B. 200000 statt 1,2 Millionen wie 2015) ist angesichts der zurzeit anstehenden

Menschenmassen illusionär. Wer hält wo die Leute mit welchen Mitteln ab und übernimmt die Rückschickung, wenn die Höchstzahlen – dies geschieht bei 5000 -10000 täglichen Ankommenden in drei bis sechs Wochen – erreicht sind?

11. Es fehlt zureichender Kenntnisstand gegenüber den kriegerischen religiös-konfessionellen Hass-Konflikten in den Gebieten der ursächlichen Bürgerkriege und die notwendigen Konzepte, die innerislamische Gewalt mittels Forderungen der UN-Nationen und ebenso der christlichen Kirchenführer zu unterbinden, u.a. durch Betonung demokratischer Prinzipien und der Menschenrechte sowie der theologischen Aufklärung hinsichtlich religiöser Texte.

12. Hilfe für Bedrängte und Freiheit und Wohlstand Suchende muss zunächst in deren Heimat durch internationalen Schutz und qualifizierte Ausbildung erfolgen. Die Entwicklungshilfe muss vorwiegend auf handwerkliche Fähigkeiten zum Aufbau einer wirtschaftlichen und friedfertigen Infrastruktur innerhalb der Herkunftsländer der Flüchtlinge umgestellt werden.

13. Die Zuwanderung muss auf bewältigbare Gruppen von echt Asylberechtigten aus allen Ländern und Ethnien mittels Visa der deutschen Botschaften beschränkt sein. Darüber hinaus ist zeitweises oder dauerhaftes Ansiedeln von Menschen aus aller Welt nach dem Bedarf der einzelnen europäischen Länder (zurzeit Elektroniker, Pfleger, Handwerker) gerne erwünscht.

Friede im Nahen Osten

Die Friedenssuche für den Nahen Osten benötigt sowohl politisch-militärische Maßnahmen als auch eine ungewohnte politisch-theologische Initiative. Beides ist nötig, um die verschiedenen zerstrittenen Konfessionen angehörenden Bevölkerungen endlich vom Krieg zu verschonen und den Menschen den Verbleib in vertrauter Heimat – statt Zuwanderung nach Europa, wie diese von Merkel-Deutschland gefördert, aber von den anderen EU-Ländern abgelehnt wird - zu ermöglichen. Zur Befriedung in politischer Hinsicht gibt es die Ansicht, das bisher herrschende Regime militärisch zu stützen, um die hochgerüstete, grausame Aufstandsbewegung des IS niederzuschlagen (so vorwiegend Russland, das seine Krisenregionen im Kaukasus durch strenge Kontrolle im Zaum hält). Bezüglich der Hintergründe für den Bürgerkrieg in Syrien verweist man gerne auf den Aufstand gegen die herrschende Diktatur Assads und den leichten Erwerb westlicher Waffen sowie den Waffenimport durch arabische Nachbarländer, die es beide zu unterbinden gelte. Auf die Feindseligkeit der islamischen Konfessionen in Syrien wird leider nicht eingegangen. Die dortigen Sunniten, unterstützt von saudi-arabischen Wahabiten, liegen im Dauerstreit mit den Alewiten, unterstützt vom Iran, wobei beide Gruppen neben religiöser Rechthaberei Privilegien für Amtsstellung und Macht anstreben oder behalten wollen. Die radikal-brutale Ideologie des Islamischen Staats (IS), herausgewachsen aus einer archaischen Sunnitengruppe, strebt einen großflächigen, konfessionsreinen syrischen Staat an und verfügt beim Vormarsch und Eroberungszug über schwere Waffen und über viele jugendliche Überzeugungstäter, die der Regierung ohne Weiteres Paroli bieten und den Westen vor große Herausforderungen stellen. Rückeroberungen der vom IS besetzten Bastionen verursachen zudem viele zivile Menschenopfer und lassen zerstörte Städte zurück. Es gilt also bei Vorgang der Befriedung der Region, den Konfessionenhass verstärkt in den Blick zu nehmen und mit Hilfe von friedfertigen führenden Ajatollahs der Sunniten und Schiiten der Welt neu nachzuweisen, dass ein aufgeklärter Islam friedensschaffend und friedenserhaltend sein muss. Dies durchzusetzen erfordert jedoch die Etablierung von Religionskonferenzen in der Art der politischen Vereinten Nationen. Der Abbau der Feindschaft von Katholiken und Protestanten dauerte allerdings 400 Jahre. So lang soll Toleranz in neuzeitlicher globalisierter Welt nicht brauchen.

Leserbrief zum neu aktuellen Thema „Befriedung Syriens"

Da die Flugzeuge und Soldaten der Amerikas, Russlands, Saudi-Arabiens, Irans und der Türkei ursprünglich eingesetzt wurden, um den IS zu bekämpfen, der sich als archaisch-aggressive Bewegung aus der sunnitischen Religion herausentwickelt hatte, müssen – als wesentliche Ergänzung zu den politischen Vertretern der in Syrien mit und gegen den Präsidenten Assad und seinem staatlichen Militär kämpfenden Parteien - zusätzlich die aus dem Hintergrund stets mitagierenden Führer der großen islamischen Konfessionen, also Schiiten und Sunniten sowie deren Unterkonfessionen, mit an einen Verhandlungstisch zur Beendigung des Bürgerkrieges. Die für die heutige Zeit anachronistische Feindschaft von Glaubensrichtungen innerhalb einer Weltreligion, die Frieden behauptet, ist im Zuge der schwierigen Befriedung unbedingt einzubeziehen. Dies nicht nur, weil der Konfessionenhass sich dann auf die fortdauernden Fluchtbewegungen auswirkt, sondern auch in Europa mörderischen Fanatismus gegen einen liberalen modernen Islam und im Gefolge gegen die westliche Welt überhaupt gebiert und aufrechterhält. Sowohl Präsident Putin als auch Präsident Trump wollen und müssen wohl zunächst militärisch Frieden schaffen, aber die unterschiedliche politische Denkweise droht sich in grotesker Weise zum brandgefährlichen Konflikt der Großmächte gegeneinander auszuwachsen. Man hat schlicht zu bedenken, dass Putin, genauso wie er seinen eigenen Staat zusammenhält, machtpolitisch denkt und daher Präsident Assad stützt. Die Amerikaner glauben an die Regelkraft der Demokratie ohne Assad, übersehen aber vermutlich, dass in Syrien Fähigkeit zu nötiger Toleranz und Rücknahme erbitterter Gegnerschaft der Gesinnungen strenge Führung und Zeit braucht zum überwachten Frieden, wahrscheinlich sogar eine Militärregierung wie in Ägypten.

Warnung vor Konfliktverschärfung mit Russland

Man kann es kaum glauben, wie einseitig und naiv von maßgeblichen Journalisten die komplexe außenpolitische Problematik dargestellt wird. Wladimir Putin ist darin stets der Buhmann. Natürlich ist er kein argloser, gutgläubiger Pazifist. Aber er hält als erfahrener, mit allen Wassern gewaschener Präsident eines riesigen Staatsgebiets, das aus vielen unterschiedlichen Regionen und Volksgruppen besteht, die Einheit des Staatskörpers pragmatisch zusammen, so dass sich auf russischem Boden kein Bürgerkrieg entwickeln kann. Aus diesem staatspolitischen Denken heraus muss nachvollzogen werden – was nicht heißen soll, dass man jegliche seiner Maßnahmen gut findet -, wie er mithilft, den syrischen Bürgerkrieg durch Besiegung der IS-Truppen zu beenden. Damit stimmt seine Politik mit der Auffassung Präsident Obamas grundsätzlich überein. Die militärtaktische Frage, wie man eine brutale, religiös motivierte, aufständische Armee bekämpft, nachdem sich diese bereits ganze Städte in ihren Herrschaftsbereich gebracht hat, bleibt bisher ungelöst: Soll man den Vormarsch des IS durch Zerstörung von eroberten Städten per Luftwaffe stoppen, was bedauerlicherweise mit vielen Menschenleben und zerstörten Gebäuden bezahlt wird, oder soll man den Eroberungsfeldzug des IS ungehemmt laufen lassen bis zu absehbaren Übergriffen auf die islamischen Nahbarländer? Die Russen denken vom Ganzen her und wollen die Staatsauflösung Syriens durch ideologisch und militärisch hochgerüstete Aufständische frühmöglich unterbinden. Die Amerikaner setzen auf die inzwischen weltgeschichtlich in zivilisierten Ländern als friedenschaffend und friedenerhaltend anerkannte Demokratie, betreiben im Kampf gegen den IS daher die Ablösung des syrischen Diktators Assad und meinen, dass damit in Syrien wieder Ruhe einkehrt. Sie übersehen dabei die stete Feindschaft zwischen Sunniten (IS) und Schiiten (Alewiten), die wie in der Zeit der europäischen Religionskriege im 16. Und 17. Jahrhundert keinen Frieden zulässt. Demokratie braucht eine erst anzuerziehende Basis im Staatsvolk, das heißt religiöse Aufklärung, Toleranz und Rechtsstaatlichkeit.

Das Dilemma der Religionen, nur heilbar durch ständige Religions-Friedenskonferenz

Erst vor 50 Jahren ging mit der durch die Landespolitik verordneten Einführung der Christlichen Gemeinschaftsschule als Regelschule auch in Bayern eine Jahrhunderte währende Gegnerschaft (beiderseits) zwischen Katholiken und Protestanten zu Ende. Es kam zu einer Einheit insofern, als nur noch der Religionsunterricht an allen Schularten zwischen den beiden größten christlichen Konfessionen geteilt wurde und ansonsten in allen Fächern ein gemeinsamer Unterricht gewährleistet war. Nach der Konfession der Lehrer wurde nicht mehr gefragt, obwohl ein grundsätzlich christlicher Lebenswandel erwartet wurde. Ein voller Zugriff auf konfessionelle Inhalte und linientreue Lehrpersonen wurde nur noch in den privaten, meist von den großen Kirchen etablierten Konfessionsschulen geachtet, die in großer Zahl von den christlichen Orden etabliert wurden. Konfessionsgebundene Eltern erhofften sich weiterhin von solchen traditionell organisierten Schulen (bei kleineren Klassen und meist Ganztags- oder gar Internatsbetreuung) die Erziehung zu orientiertem Wissen, zu integrierter Moral und zu einem weiterreichenden Arbeitsethos.

Die großen Konfessionen arbeiten auf dem karitativen Sektor gut zusammen, veranstalten gut besuchte ökumenische Kirchentage und üben im persönlichen Umgang Toleranz, indem die konfessionelle Zugehörigkeit von Berufs- und Vereinskollegen sowie bei privaten Freundschaften keine Rolle mehr spielt. Allerdings wurde keine gegenseitige Anerkennung bei der Erfüllung der Sonntagspflicht innerhalb der Angebote der „fremden" christlichen Konfession nicht erreicht und nicht einmal angestrebt, obwohl sich die Lehrinhalte der Konfessionen hierzu überhaupt nicht zu ändern bräuchten. In Sachen Eucharistie- oder Abendmahlsempfang durch Angehörige einer Fremdkonfession existieren sogar Verbote für Gläubige und Zelebranten, obwohl es sich um verschwindende Minderheiten handelte, die dies überhaupt praktizieren würden. Die an sich gewünschte Gemeinsamkeit in sakramental-liturgischer Hinsicht für die konfessionsverschiedenen Ehen bleibt deshalb unverantwortlich auf der Strecke. Dauerte also ein erträgliches Nebeneinander der beiden großen christlichen Konfessionen über den schrecklichen Religionskrieg des 17. Jahrhunderts und die Installierung von Aussperrungen und Hürden gegen die jeweils minderheitliche Konfession oder derjenigen Glaubensrichtung, welcher der feudalistische Landesherrscher nicht angehörte - bei gleichzeitiger Besserstellung der Mehrheits- oder Landesherren-Konfession - volle 500 Jahre bis in die heutige Zeit, so geht man wenigstens im Christentum weder mit Waffen, noch mit Rechtsbeugung gegeneinander vor. Sonntagsliturgien, religiöse Zeremonien und konfessioneller Schulunterricht (mit der Alternative oder der Vorgabe „Ethikunterricht") sind sogar staatlich geschützt.

In anderen Weltreligionen ist ein Status von solcher grundsätzlicher Toleranz zwischen den Untergruppierungen der eigenen Glaubensrichtung nicht erreicht. Im Judentum stehen sich Liberale und Strengkonservative ablehnend gegenüber, im Islam (Sunniten, Schiiten. Wahabiten, Salafisten) und im Hinduismus (Pakistanische und indische Hinduisten sowie die Sihks) gibt es sogar noch Attentate und offene Kampfhandlungen unter den Konfessionen, zumeist untermengt mit Ringen um rechtliche und politische Vormacht oder gekennzeichnet durch Separationsbestrebungen von der vorhandenen politischen, völkischen oder religiösen Übermacht. Das gemeinsame Dach von Grundglaube und Moral wird leider nicht wahrgenommen. Weltpolitisch fällt heute die militante Aggressivität islamischer Fundamentalisten besonders auf und bildet große Gefahren für den Frieden. Da sich Kriege immer schon aus politischer Indoktrination, aus wirtschaftlichen Interessen und aus Rassenhass sowie aus religiöser Feindseligkeit entwickelt haben, ist zurzeit besonders der ideologische Hintergrund für religiöse und zugleich politische Manipulation und Verhetzung der Bevölkerungen in den Blick zu nehmen. Ungebildete Massen sind leichter beeinflussbar, kleben an der bisherigen Primitivkultur der vortechnischen Phase und sind für Großaufläufe und sogar für Forderungen nach Massenvernichtung von Gegnern im Erstschlag („Präventivangriff") steuerbar. Es ergibt sich heute also zwingend, weltweit nach Bildung und Vernunftentwicklung zu rufen. Dazu gehört die Erkenntnis, dass die religiösen Basistexte nicht als absolutes, diktatorisches Gotteswort entstanden sind und ohnehin heutzutage nicht naiv aufgenommen werden können. Zweifellos muss der jetzige Zugang zu alter religiöser Literatur, die sich nur im Kern „Offenbarung" nennen sollte, aber nicht bei jedem Wort oder jeder kleinen Textpassage so begriffen werden kann, aufgeklärter, das heißt, durchaus erlaubt kritischer sein. Das 2. Vatikanische Konzil des Katholischen Christentums hat dies in der Konstitution in „Die Kirche in der Welt von heute" und in den Worten zum Umgang mit den „Heiligen Schriften" in der Theorie und in der Schulpraxis höherer Schulen und an den Universitäten weitgehend geleistet, jedoch nicht in Grund- und Volksschulen sowie nicht in der Gemeindearbeit und kaum bei den Sonntagspredigten. Selbst Bischöfe und Kardinäle sowie sogar der Papst scheuen sich, explizit von den

Errungenschaften der vorwiegend protestantischen historisch-kritischen Exegese Gebrauch zu machen, ohne dass der Kern der Aussage gefährdet ist.

Weltfriedenspolitik ist also nur durch Eindämmung von aggressiven Ideologien zu leisten, was bedeutet, dass Religion in allen Religionen und Konfessionen vernunftgebunden gelehrt werden muss. Der gemeinsame Schöpfergott hat allen Menschen etwas von seiner überlegenen Vernunft mitgegeben. Solch ein Fortschritt hin zu einem gewaltfreien religiösen Denken und Empfinden kann über die einzelnen Staaten und Völker hinweg nur durch eine UN-gleiche Institution der Weltreligionen geleistet werden. Ständig anwesende Botschafter der einzelnen Religionen müssen in ständiger Rückkoppelung zu ihren Oberhirten die vorherrsche gemeinsame Friedenidee ihrer Religion wieder betonen, die ihre Religionsgründer als Kernidee ihrer Grundlegung und Reform rein vertreten haben. Wenn die alten Texte auch etliche Intoleranz enthalten, so sollte die evolutive Errungenschaft von Geist,- Kultur- und Gefühlsentwicklung, wie sie vielen Menschen eigen ist und durch die Massenmedien global verbreitet werden können, Anlass zusätzlich geben, Frieden nahezulegen, anstelle von teurer Drohung oder gar Auslöschung durch Atomraketen.

Grenzen der ökumenischen Bewegung

Die Ereignisse nach dem ersten Ökumenischen Kirchentag in Berlin machen sichtbar, dass es für das Näherkommen der beiden größten christlichen Konfessionen Grenzen gibt. Das Vergegenwärtigungsverständnis der katholischen Kirche und die Erinnerungsauffassung der evangelischen Kirche hinsichtlich von Eucharistie und Abendmahl gelten als unvereinbar. Daher dürfen Katholiken nur nach katholischer Deutung kommunizieren. Die evangelische Interpretation wird nur akzeptiert, soweit sie eben systemintern für die Protestanten gilt. Die inhaltliche Annäherung der Konfessionen scheitert am mystischen und transzendentalen Sakramentsbegriff der katholischen Kirche gegenüber der historisierenden Auffassung der Evangelischen. Jede Konfession soll gemäß der Obrigkeit chemisch rein nach ihren eigenen Prinzipien die Sakramente pflegen. Der Blick über den Tellerrand hinaus ist gestattet, jedoch nicht das gelegentliche und demonstrative Praktizieren innerhalb der Nachbar-Konfession. Verlangt unsere Zeit eigentlich nicht eher eine theologische Beschäftigung mit den Hemmschuhen der Ökumene als die disziplinierende Regelung für Abweichler? Ein situatives Mitfeiern des Altarsakramentes innerhalb der anderen christlichen Glaubensrichtung ist zwar Ungehorsam, aber gewiss kein Verrat und kein Vergessen des Eigenen, sondern ein Akt des guten Willens und der Toleranz. Die Probleme der Religionen sind doch viel essenzieller:

Wie kann man den 95 % Protestanten und den 80 % Katholiken, die kaum einen Sonntagsgottesdienst besuchen, die Wichtigkeit des Kirchgangs nahebringen? Wie lässt sich die substanzielle Bedeutung der Eucharistie für den technisch-wissenschaftlich denkenden Menschen unserer Zeit begründen? Vom „Lehramt" wäre also mehr zu erwarten als die verwaltungsmäßige Relegation von scheinbar Abtrünnigen. Es ist anzunehmen, dass Gott jene Priester und Gläubigen rechtfertigt, die sich ab und zu in eine andere Verwirklichung des Christentums hineinbegeben, ohne von eigenen haltbaren Traditionen Abstand zu nehmen.

Politische und theologische Gedichte –

Macht und Kontrolle der Institutionen (2014-2017)

Plädoyers für Gewaltlosigkeit, Demokratie und internationale sowie
interreligiöse ständige Konferenzen

Wörterbalsam

Manchmal liegen Wörter schwer daneben,

sie bezeichnen unscharf, treffen nicht das Leben.

Man hat den Eindruck, es gehe ums Vertuschen,

wenn Journalisten vor den Übeltätern kuschen.

Zuweilen liegt´s am Leser, der schnell darüber gleitet,

bevor sich Inhaltschweres vor dem Gedankengang ausbreitet.

Hat der Autor das Erzählbild vielleicht zu oberflächlich angelegt,

ist das berührende Kernelement übergangen, schnell hinweggefegt?

Worte sollen deutlich machen, die Vergehen klar ergreifen,

keineswegs den Sachverhalt beschwichtigend glattschleifen.

Schriftsprache hat Erkenntnisse zu setzen und aufzurütteln.

Wer dies methodisch unterlässt, ist nur der Mächtigen Büttel.

Begriffe steh´n im Dienst von Wahrheit und Erziehung,

ihr Geist spornt an der Menschen eigene Bemühung.

Fremd?

Er ist dunkel, klein, kraushaarig, schwarzäugig, autoritär,

doch auch hellsichtig, stark, gewandt, modisch, großzügig.

Wenn ich bei ihm bin, spüre ich rhythmische Musik und das Meer.

Wenn ich allein bin, habe ich Zweifel und werde wieder kleinmütig.

Wie würde die Zweisamkeit denn weitergeh´n,

bliebe es auch künftig ungebrochen schön?

Würden meine geliebten Eltern Trauer empfinden,

wenn wir in einer fremden Heimat verschwinden?

Muss ich so zaghaft fragen?

Warum soll ich entsagen?

Glück ist meines Herzens Pflicht,

Einwände anderer gelten nicht!

Fremde Welten sind attraktiv,

heraus aus dem gewohnten Mief.

Ich will Bedenken überwinden:

Liebe wird uns eng verbinden.

Philosophien – fortgesetzt

Galileo Galilei hat für heute zweifelsfrei festgestellt,

dass sich Schwerkraft mit Fliehkraft die Waage hält.

Es erschütterte die Welt, weil Sigmund Freud dachte,

dass die menschliche Triebnatur diesen tierisch machte.

Carl Gustav Jung machte sich wegen rein exogener Moral Sorgen,

denn er meinte, im Unbewussten sei schon endogene Ethik verborgen.

Albert Einstein formulierte für Astronomen unverhohlen,

nun könne Wissenschaft den Werdegang der Natur aufrollen.

Mehrere Fächer hatte Immanuel Kant ein Leben lang gelehrt und studiert

und hielt wegen Sternenhimmel und Moral für erwiesen, dass Gott existiert.

Wenn die Vereinten Nationen fordern, dass eine Religionen-UN sich gründet,

dann könnte es kommen, dass Kriegsgeschichte in Friedensgestaltung mündet.

Gut oder böse?

Wer heilt, tut Gutes.

Wer hilft, trägt Gutem bei.

Wer fördert, entwickelt Gutes weiter.

Wer Erkenntnis schafft, bereitet Gutem den Weg.

Wer tötet, macht Böses.

Wer Hilfe verweigert, sanktioniert Böses.

Wer schwer verletzt, verursacht dauerhaft Böses.

Wer kein Mitleid zeigt, räumt Bösem die Herrschaft ein.

Krieg ist schlecht.

Gewalt ist fragwürdig.

Eroberung führt zur Gegenwehr.

Unterdrückung fordert Widerstand heraus.

Bedeutet stilles Schweigen innerlichen Protest oder Zustimmung?

Handeln folgsame Befehlsempfänger richtig oder gewissenlos?

Sind Kollateralschäden akzeptabel wegen eines guten Zieles?

Tragen bereits schlichte Denkverweigerer eine Mitschuld?

Schuldlos schuldig

Du hast auf Menschen geschossen,

zig-mal fremdes Blut vergossen.

Du musstest töten, stand´st unter Befehl,

tief in dir spürst du, es war doch ein Fehl.

Jeder von uns lebt in einem Staatssystem,

Gehorsam oder Widerstand ist für alle Problem.

Nur rechtzeitig können wir uns kritisch wehren,

nach Kriegsbeginn gibt es kein legales Aufbegehren.

Immer wurden echte Verteidigungsfälle suggeriert.

Die Lügen einer oder beider Seiten hat man vertuscht.

Jeder musste dann schießen – nicht wurde gekuscht.

Etwas in dir versetzt sich zurück vor den großen Knall:

Offiziell hatten die willfährigen Macher keine Bedenken.

Gewissenszweifel will man sich auch hinterher schenken.

Glaubensstrenge

Kirchenführer verhalten sich meist engstirnig hart.

Die Verteidigung des `wahren Glaubens´ ist ihr eigen Part.

Geht es um ihre subjektiv behauptete Wahrheit,

vermissen freie Denker die sonst nötige Klarheit.

Wenn Religion sich gemausert hat zur strengen Ideologie,

schlagen die Leitfiguren drein – Kompromisse kennen sie nie.

Galt es so genannte `Irrlehrer´ auszumerzen, gab es kein Scherzen.

Folter und Tod verordneten sie vor ihren brennenden Kerzen.

Wo Religion sich paart mit grausamer Gewalt,

verrät sie die Friedfertigkeit ihrer Heilsgestalt.

`Menschlichkeit´ blieb Jahrhunderte auf der Strecke,

vergeblich blickten Kritiker hinauf zur Himmelsdecke.

Anspruch auf Alleinwahrheit spaltet bald jede Religion,

dies erfuhren die Reformer zu Beginn ihrer Mühen schon.

Ausgestoßene blieben sie wegen geistiger Freiheit,

die Kirchenleitung verweigerte verbindende Weisheit.

Vernunft und Basisglaube sind durchaus zu versöhnen -

Leitung und Volk müssen sich an Offenheit gewöhnen!

Gewaltmenschen

Rohe `Führer´ sind´s, die Angriffskriege inszenieren,

die brutal und geil nach Land und Leuten gieren.

Alleinherrscher planen ungeheuerliche Taten,

sie mobilisieren ihre hochgerüsteten Staaten.

Gefängnis und Mord befehlen sie und großflächige Zerstörung,

keine Chance mehr haben Dichter und Denker für Empörung.

Das Bürgerwelt darnieder liegt in Angst und Depression.

Die Truppen sind ausgerichtet zur befohlenen Aggression.

Warum lassen sich Gesellschaften Diktatur gefallen?

Überlegung braucht´s bei allgemeinen freien Wahlen.

Demokraten müssen beizeiten Modelle ersinnen.

Widerstand kann nur im Anfang noch gelingen.

Unterstützen den Gewalttäter weitere Vandalen,

müssen liberale Bürger sich zusammenscharen.

Herrschergestalten

Einst saßen sie in steinernen Burgen,

schützten Leibeigene und das Land,

fühlten sich wie großmächtige Demiurgen,

hielten Krieg und Frieden in der Hand.

Jahrhunderte später residierten sie in barocken Schlössern,

trugen steife Gewänder, setzten sich Perücken und Kronen auf,

waren weltlichen und geistlichen Standes, hatten Lakaien zuhauf,

nannten sich König und Bischof, badeten in parfümierten Wässern.

Jetzt agieren sie in bombastischen Regierungssitzen,

lassen sich von Mitarbeiter-Stäben beraten,

fliegen zu Präsidenten befreundeter Staaten,

gründen Bünde mit hochgerüsteter Länder Spitzen.

Dazu gesellen sich gewandte Leute aus den Penthäusern der Banken,

Professoren der Wirtschaft und Lobbyisten von Industrie und Verbänden.

Geben Gemäßigte und Weise den Ton an, oder muss sich manches wenden?

Kriegerdenkmäler

Mächtig da steht ein Denkmal des Krieges:

Erinnernd und drohend des Verlustes und Sieges.

Bedauern und Triumpf halten sich die Waage,

vom Rückblick zur Kriegsursache führt keine Frage.

In der Mitte Jesus am Kreuz, seufzend schwer,

das Kunstwerk stellt Bezüge von Leid und Religion her.

Die Toten krepierten röchelnd mit dem Gewehr in der Hand,

sie mussten parieren der Regierung im `Kampf fürs Vaterland´.

Die eingravierten Daten fixieren die frühen Todesjahre.

Die jungen Soldaten starben im Granatenhagel ohne Bahre.

Man bezeichnet sie beschwichtigend als `Gefallene´ und `Helden´,

doch statt grausig draufzugeh´n wollten sie lieber im Leben schwelgen.

`Zum Frieden mahnend´ ist ein gewichtiges Wort.

Der Betende liest und geht traurig ab von jenem Ort.

Verteidigung ist rechtens, doch Angriffskrieg ist Mord:

Lernt aus Fehlern, verharrt erschüttert und denkend dort!

Normierung

Was lasst ihr euch einmauern in ein System,

das nur fesselt und führt auf schmalen Spuren?

Braucht ihr enge Stützen zu erkennen ein Problem?

Seid ihr schwach im Denken, befragt eher die Auguren!

Frei müssen die Gedanken sein und ehrlich die Suche,

lasst ab vom Zwang und folgt dem eigenen Geruche.

Habt Mut, auf Gefühl zu setzen und an Mustern zu wetzen.

Die innere Stimme weist hin zur richtigen Lösung.

Systeme pressen nur, dörren aus bis zur Verwesung.

Was andern frommt, deinem Auftrag nicht gut bekommt.

Rahmen sind gesetzt durch listige Verführung,

die fördern nicht Entwicklung durch Erspürung.

Zu andern Vorteil ist´s, wenn ihr früh euch bindet.

Schaut, dass ihr den eig´nen Seelenfunken findet.

Psychotiker

„Krieg ist gar kein Mittel der Politik" –

Offiziell gilt der Grundsatz unstrittig.

Doch gibt es Befehlshaber, die sind auf Raubzug aus,

Gewalt und Zerstörung sind denen leider kein Graus.

Sie finden Scheingründe wie `wohlerworbene alte Rechte´,

Wörter, die wirksam verbrämen das versteckte Schlechte.

Dahinter verbirgt sich auch die Glorifizierung der Person,

getarnt mit ausgestreuter Werbung als `allgemeiner Lohn´.

Alleinherrscher wollen Triumph um jeden Preis,

wünschen Gunst und Verehrung auf dem Erdenkreis.

Dichter und Redakteure können Potentaten entlarven.

Selbst Historiker unterliegen dem Usus des Lobes,

nicht bewusst über noble Verharmlosung des Todes.

Den Wahrheitssuchern winkt später der Klang der Harfen.

Erinnerung

Karl Kraus machte sich ans soziologische Kaleidoskop,

um in 220 Szenen Phrasen und Parolen aufzulisten

der Bürger, Beamten, Offiziere und Machthaber,

emsig gesammelte Tiraden aus mehreren Kisten.

So stellte er Gewalt und Lüge unter den Kandelaber.

Auf zahllosen Plätzen Wiens und Berlins gibt es Dialoge

über Vorgänge, erreichte und gescheiterte Ziele, ein Gewoge

zu Erhaltungskämpfen und den Niedergang der Donaumonarchie

während der 1914-er bis 1918-er Jahre; solch Gesamtbild gab es nie.

Man erfuhr, wie Ost- und Südeuropa war gezwungen von Adelsdynastie.

Gleichgesinnt plaudern aus alle Figuren ihre willfährige Mitläuferei.

Das Krepieren fremder Soldaten - auch der eigenen - ist ihnen einerlei.

Verständnisvoll und saturiert kommentieren sie die militärischen Verläufe.

Lässig saugen sie an Zigarillos und prosten sich zu im kumpanesken Gesäufe.

Nur der Dichter spürt die Tünche und protokolliert die gesamte Lästerei,

die von den Kirchen aus Standes-Solidarität mitgetragene Schlächterei.

Landraub, Unterdrückung und Freiheitsverweigerung wurden geschönt.

Der fühlende und denkende Dichter sieht ehrlich die Humanität verhöhnt.

Antikriegs-Ausstellung

Es gab im Jahr 2017 Proteste gegen eine Antikriegs-Ausstellung.

Können Leute das Wissen um schreckliche Tatsachen nicht ertragen?

Wollen solche Menschen nicht Was, Wie, Warum in Bild und Wort erfragen?

Wäre jetzt nicht Zeit, aufzuhören mit lang dauerndem Verschweigen?

Darf Erinnerungskultur nicht auch den Umfang des Negativen zeigen?

Nützen wir die Versöhnungsphase, damit Krieg nicht bleibt Gedankenblase!

Nach Abschaffung demokratischer Republik herrschte zunehmend Barbarei.

Am Ende Gräuel aller Art und Untergang mit Beschädigung deutscher Würde.

Die Missachtung der allgemeinen Menschenrechte bedeutete schwere Bürde.

Baut auch dem schmählichen Gedenken Bauten mit starken Mauern,

auch erschütternde Dokumente helfen Friedensmaßnahmen zu überdauern!

Völkerfeindschaft darf nicht weitergeh´n, ganz Europa muss sich neu versteh´n!

Sakrament und Gebot

Heiliges versprechen die christlichen sakramentalen Gaben.

Auf Grund bestätigten Glaubens erhalten wir nötige Gnaden.

Was fangen wir dann mit empfangener göttlicher Vorleistung an?

Kommen wir in allen Lebensphasen wirklich moralisch rein voran?

Adel, Militär, Bürger, Bauern, Arbeiter empfingen kirchlichen Segen.

Doch warum kamen viele ab von angestrebten schuldfreien Wegen?

Der verliehene Vorsprung reichte nicht aus, der Gewalt abzusagen:

Das Töten zu verweigern, durfte kein einzelner Pazifist je wagen.

Kaiser und König suchten regelmäßig Streit, verordneten gar Krieg.

Hunderttausende, gar millionenfache Opfer kostete sogar der Sieg.

Das Volk – darunter die meisten Guten – durfte sich nicht wehren.

Verweigerung kostete das Leben, man konnte nicht aufbegehren.

Jahrtausende bis heute dauerte es, ernst zu nehmen das 5. Gebot,

laut zu vertreten die Friedensliebe, statt mitzutun für Kampf und Not.

Wir wurden erzogen, zu vermeiden die harmlose kleine Sünde.

Verschwiegen hat man uns der Kriegsgewalt gar simple Gründe.

Kaiser und Papst

Vom 4. bis ins 12. Jahrhundert bekämpften sich die hohen Herr´n.

Es ging um größte Macht, die hatte jede Seite äußerst gern.

Lange waren Päpste selbst gerüstet,

nach Siegen haben sie sich stolz gebrüstet.

Sie sahen weltlich´ Macht und Gott ganz eng zusammen.

Sie konnten den Kaisern die Tür zum Krönungssaal verrammeln.

Die Institutionen gierten nach Alleinherrschaft:

Welt wollte Kirche dirigieren und scheute keine Korruption.

Kirche wollte Welt regieren und vermied nicht Manipulation.

Sie legalisierten Gewalt und List beim Streit um jede Vorherrschaft.

1122 wurde der `Investiturstreit´ beigelegt.

Die neue Regelung hat keine Seite aufgeregt.

Toleranz bestand in Erlaubnis eigener Gesinnung.

Macht über das Volk sorgte weiter für Verbindung.

Bedenkliche Wörter

Krieg: Töten der feindlichen Soldaten
Zerstörung vieler Wohngebäude
Vernichtung jeglicher Infrastruktur

Kampfjet: ungeheure Schnelligkeit
zielgenaue Feuerkraft
enorme Wendigkeit

Atombombe: gewaltige Breitenwirkung
wirksame Abschreckung
totale Kahlschläge

Raketen: Reichweite von über 5000 Km
Unvorhersehbarkeit der Zielpunkte
Ausschalten der gegnerischen Geschosse

Fragen: Warum lösen solche Wörter nur bei
Kindern, Greisen, Behinderten Ängste aus?
Wie können wir vermeiden, dass Wörter
in martialische Handlungen umgesetzt werden?

Antworten: Frieden schaffen mit immer weniger Waffen!
Abschrecken bei gleichzeitiger Verständigung!
Weltverantwortung aller Völker und Religionen!

Diktatoren

Diktatoren – meistens rohe Männer –
sind natürlich keine sanften Lämmer.
Stiere sind sie, bewegt von Gier,
ungehemmt wie das starke Tier.

Sie strecken ihre Glieder in die Weite,
ihre Länder sollen wachsen in die Breite.
Sie greifen schnell auch in die Höhe,
dulden nichts Größeres in der Nähe.

Selbstgewiss blicken sie und dazu eitel,
exakt sitzt Kleidung ihnen und der Scheitel;
bisweilen auch die hauptumkränzte Mähne,
wenn jener sich als bärenstarker Löwe wähne.

Unbesiegbar scheinen sie und riesengroß,
die Herde fühlt sich wohl in ihrem Schoß.
Vernunft und Maß sind barschweg abgeschafft,
sie lachen höhnisch, wenn jemand Einspruch wagt.

Gliederung:

Die Anordnung der einzelnen Texte erfolgte in der Reihenfolge ihrer Entstehung von 2010-2017.